吉光片羽 编选

马云后面依然是灿烂的晴天

每日能量金句

江西美术出版社
全国百佳出版单位

图书在版编目（CIP）数据

乌云后面依然是灿烂的晴天：每日能量金句 / 吉光
片羽编选 . -- 南昌：江西美术出版社，2022.9（2023.10 重印）

ISBN 978-7-5480-8704-5

Ⅰ. ①乌… Ⅱ. ①吉… Ⅲ. ①格言－汇编－世界②警
句－汇编－世界 Ⅳ. ① H033.3

中国版本图书馆 CIP 数据核字（2022）第 126364 号

出 品 人：刘　芳
企　　划：北京江美长风文化传播有限公司
责任编辑：楚天顺　朱鲁巍　　策划编辑：朱鲁巍
责任印制：谭　勋　　　　　　封面设计：冬　凡

乌云后面依然是灿烂的晴天：每日能量金句

WUYUN HOUMIAN YIRAN SHI CANLAN DE QINGTIAN: MEIRI NENGLIANG JINJU

吉光片羽 编选

出　　版：江西美术出版社
地　　址：江西省南昌市子安路 66 号
网　　址：www.jxfinearts.com
电子信箱：jxms163@163.com
电　　话：010-82093785　　　0791-86566274
发　　行：010-88893001
邮　　编：330025
经　　销：全国新华书店
印　　刷：三河市众誉天成印务有限公司
版　　次：2022 年 9 月第 1 版
印　　次：2023 年 10 月第 2 次印刷
开　　本：880mm×1230mm　1/32
印　　张：7.5
ISBN 978-7-5480-8704-5
定　　价：38.00 元

　　茫茫书海中，由人类文明与智慧凝聚而成的嘉言锦句，集信息量、洞察力和语言美于一身，正如夜空中的点点繁星，散发着永恒的魅力。

　　这些名言，有的世代相传，有的超越国界，有的则埋藏在浩渺的书海之间。这些传世妙语能使无知的人变得聪明，使聪明的人更加智慧，给智慧的人以思想的共鸣。

　　大哲罗素曾言：格言是一人的妙语，众人的智慧。金句是"语中精华"。西塞罗亲切地称它们为"采盐场"，供人们开采去当调味品。本书煮海为盐，从浩瀚的文献中提炼出大师、先哲的金句，集腋成裘，献给读者。

　　这些名言虽文字简短，却犹如电光火石，越是受到岁月的敲打，越是迸发出灿烂的思想火花，读来犹如利箭、闪电般直击心灵。

编选这样一本语录体的册子，如果仅仅进行归类，那也太简单了。

事实上，将这些"智慧晶体"排列组合，是一次"再结晶"的过程。这其中是有一种内在逻辑做指针的。

选择与排列组合亦是一种创造。

尤其是在浩如烟海的名言中，筛选出既贴近时代脉搏，又富含哲理的能量金句，其实是编选者立场、观点和理念的折射。

本书所选这些短小精悍的句子，堪称言简意赅、内容深邃，能启动我们内在的精神力量。

这些名言字字珠玑、短小精悍，却能带来每日的能量，成为沧海夜航者的灯塔。而这些隽永有味的迷人小句，更是传媒精英案头必备的文案宝典。

CONTENTS 目录

第一章
CHAPTER 01

做你自己，因为别
人都有人做了

·· 真 我 ··

父母教过我许多事，别去管他人的期待是其中之一。你应该过自己的生活，为自我期许而活。

——艾德瑞克·泰格·伍兹（美国高尔夫球手）

爸爸在我很小时就告诉我，长大了，做什么不重要，但一定要跟随自己的内心，否则会抱憾终生。

——史蒂文·斯皮尔伯格（美国导演）

人的心灵呈现多重结构，由多个同心圆组成。从最外侧开始依次是：知性、感性、本能、灵魂、真我。

——稻盛和夫（日本企业家）

决不要为了别人的喜爱，去选择适合别人的工作或生活目标。否则，这将是你失败和不幸的开始。

——马克斯威尔·马尔兹（美国心理学家）

要是我在意别人怎么说的话，就不可能拥有过去这样的人生。

——英格丽·褒曼（瑞典演员）

我们怎样找回自己呢？人怎样才能认识自己？他是一个幽暗的被遮蔽的东西。如果说兔子有七张皮，那么，人即使脱去了七十乘七张皮，仍然不能说："这就是真正的你了，这不再是外壳了。"

——弗里德里希·威廉·尼采（德国哲学家）

你应庆幸自己是世上独一无二的，应该将自己的禀赋发挥出来。

——鲍里斯·塞德兹（美国哈佛大学心理学教授）

世界上最强有力的人，是最具有独立精神的人。

——易卜生（挪威戏剧家）

玫瑰正因为有刺，才在阳光下尽情地开放。

——易卜生（挪威戏剧家）

··自　我··

你的良知在说什么？"你要成为你自己。"

——弗里德里希·威廉·尼采（德国哲学家）

做你自己，因为别人都有人做了。

——奥斯卡·王尔德（英国作家、诗人）

做你自己的，是你能给别人最好的建议。

——亨利·戴维·梭罗（美国作家）

世界上最大的事莫过于知道怎样将自己给自己。

——米歇尔·德·蒙田（法国思想家、作家）

尽力"成为某一个人"是没有用处的，你就是你现在这个人。

——马克斯威尔·马尔兹（美国心理学家）

世界上最重要的事就是认识自我。

——米歇尔·德·蒙田（法国思想家、作家）

世界精神太忙碌于现实，太驰骛于外界，而不遑回到内心，转回自身，以徜徉自怡于自己原有的家园中。

——格奥尔格·威廉·弗里德里希·黑格尔

（德国哲学家）

你总是随身携带着你自己，又怎能惊讶于你的旅行未能给你带来幸福？正是驱使你向前的东西本身成了压在你身上的重担。

——苏格拉底（古希腊哲学家）

别人借我们的过去所做的事判断我们，然而，我们判断自己，却是凭我们将能做些什么事。

——亨利·沃兹沃斯·朗费罗（美国诗人）

勇敢地走你自己认为正确合理的道路。

——罗曼·罗兰（法国作家）

人怎么能够认识他自己呢？通过观察是不可能的，必须通过行动。你去试验完成你的职责吧，你立刻就知道，你是怎样的人。

——约翰·沃尔夫冈·冯·歌德（德国思想家、作家）

一个人，即使驾着的是一只脆弱的小舟，但只要舵掌握在他的手中，他就不会任凭波涛的摆布，而有选择方向的主见。

——约翰·沃尔夫冈·冯·歌德（德国思想家、作家）

没有个性的文化是一种使人感到注定毁灭的悲剧性文化。

——罗曼·罗兰（法国作家）

显出特征的艺术才是唯一真实的艺术。

——约翰·沃尔夫冈·冯·歌德（德国思想家、作家）

我谁也不摹仿。我不去奴隶似的跟着时尚走。我只要看上去就像我自己，非我莫属。

——索菲娅·罗兰（意大利作家）

个人主义是一剂致命的毒药，而个性却是日常生活的食盐。

——亨·范戴克（美国教育家）

模仿者是没有个性的，因为个性恰好在于思想方式的独创性，他的行为举止汲取的是由他自己所开辟的源泉。

——伊曼努尔·康德（德国哲学家）

要我行我道，我有我法。

——齐白石（中国画家）

个性就是差别，差别就是创造。

——托马斯·阿尔瓦·爱迪生（美国发明家）

良好的个性胜于卓越的才智。

——托马斯·阿尔瓦·爱迪生（美国发明家）

一个人在描述他个人的个性时，其自身的个性即暴露无遗。

——弗朗茨·李斯特（匈牙利作曲家）

良好的性情重于黄金，后者是幸运的给予，前者是自然的天赋。

——托马斯·阿尔瓦·爱迪生（美国发明家）

人们生而平等，但又生来个性各有千秋。

——艾瑞克·弗洛姆（美国社会学家）

人并不是"一般地"存在着。……他的性格、气质、天资、性情正是他区别于其他人的地方。

——艾瑞克·弗洛姆（美国社会学家）

专心致志是个性的唯一基础，同样也是才干的唯一基础。

——拉尔夫·沃尔多·爱默生（美国作家）

"创造者风格"更倾向于与众不同地做事，而"适应者风格"更喜欢出类拔萃地做事。

——戴维·赫伯特·劳伦斯（英国作家）

作为每个人来讲，只有发挥自己的个性，才能明确自己存在的理由，才会感到生活的意义。

——大松博文（日本排球教练）

人一旦成为他物，也就可以没有自己。

——艾瑞克·弗洛姆（美国社会学家）

如果我曾有过任何重要发现，那应该归功于我的耐心专注，而不是我的其他天分。

——艾萨克·牛顿（英国科学家）

··专注··

只有不知道自己在做什么的人，才需要分散投资。

——沃伦·巴菲特（美国投资家）

　　一个人必须有足够的勇气，坚定自己的职业，并相信自己可以凭借这份职业谋生。这个"第二职业"的说法简直是一派胡言！我也曾经崩溃过，但是我一直抵制自己想要放弃绘画的倾向……在一开始，我的画作并不昂贵，但是我的画的确卖出去了，我的画作、油画布得以存活，这才是有意义的。

——巴勃罗·毕加索（西班牙画家）

　　对什么都有兴趣的人是讨人喜欢的人。但是干事业，就应在一定的时间内，专心致志于一个目标。

——安德烈·莫鲁瓦（法国作家）

　　伟大的事业根源于坚忍不拔的工作，以全副的精神去从事，不避艰苦。

——伯特兰·阿瑟·威廉·罗素（英国哲学家）

人的思想是了不起的，只要专注于某一项事业，那就一定会做出使自己感到吃惊的成绩来。

——马克·吐温（美国作家）

一个人只有以他全部的力量和精力致力于某一事业时，才能成为一个真正的大师。

——阿尔伯特·爱因斯坦（美国物理学家）

人致力于一个目标、一种观念……是人在生活过程中追求完整之需要的一种表现。

——艾瑞克·弗洛姆（美国社会学家）

演员应该切记，每一演出对于该场的观众而言，都是初次的经验。水准的维持，全赖演员专注的能力。

——布罗凯特（美国戏剧理论家）

一个人做事不专，这样弄一点，那样弄一点，既要翻译，又要作小说，还要作批评，并且也要作诗，这怎么弄得好呢？

——鲁迅（中国作家）

一个人不能骑两匹马，骑上这匹就要丢掉那匹。

——约翰·沃尔夫冈·冯·歌德（德国思想家、作家）

必须记住，我们学习的时间是有限的。……我们应该力求把我们所有的时间用去做有益的事情。

————埃德蒙·斯宾塞（英国诗人）

加紧学习，抓住中心，宁精勿杂，宁专勿多。

————周恩来（中国政治家、军事家、外交家）

学贵专，不以泛滥为贤。

————程颐（中国宋朝思想家）

性痴，则其志凝；故书痴者文必工，艺痴者技必良，……世之落拓而无成者，皆自谓不痴者也。

————蒲松龄（中国清代作家）

与其花许多时间和精力去凿许多浅井，不如花同样的时间和精力去凿一口深井。

————罗曼·罗兰（法国作家）

研究学问，必须在某处突破一点。

————卡尔·海因里希·马克思（德国思想家）

读书欲精不欲博，用心欲专不欲杂。

黄庭坚（宋朝诗人、书法家）

第二章

CHAPTER 02

有信念的人经得起任何风暴

··梦　想··

人要么永不做梦，要么梦得有趣；人也必须学会清醒：要么永不清醒，要么清醒得有趣。

——弗里德里希·威廉·尼采（德国哲学家）

想伸手摘星，即使徒劳无功，也不致落得满手污泥。

——李奥·贝纳（美国广告人）

你所能冒的最大的险，就是去过属于你梦想中的生活。

——奥普拉·温弗瑞（美国脱口秀节目主持人）

梦想只要能持久，就能成为现实。我们不就是生活在梦想中的吗？

——阿尔弗雷德·丁尼生（英国诗人）

梦想一旦被付诸行动，就会变得神圣。

——阿·安·普罗克特（美国天文学家）

如果你有梦想，你就会做得到。别忘了，迪士尼的一切都是由一个梦想与一只老鼠开始的。

——华特·迪士尼（美国迪士尼公司创始人）

所有梦想都能成真，只要我们有勇气去追求。

——华特·迪士尼（美国迪士尼公司创始人）

20 年后的今天，对于那些该做却没做的事，你会更感失望、后悔。所以驶离这安全的港口，向梦想的海洋前进吧！探索、梦想、发现。

——马克·吐温（美国作家）

梦想是我们性格的试金石。

——亨利·戴维·梭罗（美国作家）

世界上只有一样东西可以阻止梦想实现，那就是害怕失败。

——保罗·柯艾略（巴西作家）

··热 情··

在我孩童时代，我便下决心长大后闯荡好莱坞。对我来说，好莱坞就是《绿野仙踪》里的"彩虹尽头"，是"奥兹国"。梦想再小，但一定要有，愿意付出热情，真正地去热爱，没有什么是不可能实现的。

——史蒂文·斯皮尔伯格（美国导演）

"几近疯狂的渴求"半吊子的想法千万要不得，你的愿望必须强烈到让你朝思暮想，无时无刻都记挂在心。从头顶到脚趾，全身上下都充满了这个念头，假设哪天受了伤，甚至伤口流出的不是血，而是这个"想法"。这是达成目标的唯一途径。

——稻盛和夫（日本企业家）

每当我尝试做一件事时，我都会全心全意去做好它；每当我奉献自己做某件事时，我都会无怨无悔奉献到底；无论是大目标或小目标，我总是怀抱满腔热情面对。

——查尔斯·狄更斯（英国作家）

热情常使最机灵的人变得疯狂，同时也可使最愚蠢的人变得聪明起来。

——弗朗索瓦·德·拉罗什富科（法国作家）

热情，这是盲目之爱的显著标志。

——安布罗斯·比尔斯（美国小说家）

任何热情都将随着年岁而逐渐销声匿迹。

——伏尔泰（法国启蒙思想家）

当我们对热情有了明确判别的观念，热情就不再是热情了。

——巴鲁赫·德·斯宾诺莎（荷兰哲学家）

热情是一种折磨少不更事者的神经错乱症，是一种表现在散漫懈怠之前的激情。

——安布罗斯·比尔斯（美国小说家）

热情一开口，就必然成为使人屈服的第一流的演说家。

——弗朗索瓦·德·拉罗什富科（法国作家）

看看部下是否热爱工作，并把自己的活力灌输给他们，直到他们也有炽烈的热情为止——这就是领导者的首要任务。

——稻盛和夫（日本企业家）

热恋中的恋人，在旁人看来目瞪口呆的事情，他们却处之泰然。工作也一样，只有迷恋工作、热爱工作，才能长期坚持艰苦的工作，一以贯之，无怨无悔。

——稻盛和夫（日本企业家）

人生·工作的结果＝思维方式 × 热情 × 能力。

——稻盛和夫（日本企业家）

在热情的激昂中，灵魂的火焰才有足够的力量把造成天才的各种材料熔冶于一炉。

——司汤达（法国作家）

热情是普遍的人性。没有了热情，便没有宗教、历史、浪漫和艺术。

——奥诺雷·德·巴尔扎克（法国作家）

当热情占支配地位时，可以证明理性是多么脆弱。

——约翰·德莱顿（英国诗人、剧作家、文学批评家）

热情是一种非常可贵的动力，但是同一切动力一样，必须充分认识其各方面的影响，才能用得恰当。

——威廉·贝弗里奇（英国经济学家）

燃烧的热忱，凭着切实有用的知识与坚忍不拔，是造就成功的最常见的特性。

——戴尔·卡耐基（美国人际关系学大师）

热忱不只是外在的表现，它发自内心。热忱来自你对自己正在做的某件工作的真心喜爱。

——戴尔·卡耐基（美国人际关系学大师）

热情和灵感是不为意志所左右的，是不由钟表来调节的，是不会依照预定的日子和钟点迸发出来的。

——路德维希·安德列斯·费尔巴哈（德国哲学家）

热情有极大的价值，只要我们不因此忘乎所以。

——约翰·沃尔夫冈·冯·歌德（德国思想家、作家）

兴奋像热情一样，有时会使我们无视人世间的实情。

——大仲马（法国作家）

热情，不小心的时候是自焚的火焰。

——纪伯伦·哈利勒·纪伯伦（黎巴嫩诗人）

··激　情··

我们的激情实际上像火中的凤凰一样，当老的被焚化时，新的又立刻在它的灰烬中出生。

——约翰·沃尔夫冈·冯·歌德（德国思想家、作家）

激情是人世间各种事物中真正绝对的东西，它从来不承认自己错了。

——奥诺雷·德·巴尔扎克（法国作家）

三种单纯然而极其强烈的激情支配着我的一生，那就是对于爱情的渴望，对于知识的渴求，以及对于人类苦难痛彻肺腑的怜悯。

——伯特兰·阿瑟·威廉·罗素（英国哲学家）

在人的内心，激情永远产生；一种激情的消逝几乎总是意味着另一种激情的产生。

——弗朗索瓦·德·拉罗什富科（法国作家）

天性中的激情部分的确会产生野蛮；如果加以适当训练就可能成为勇敢，如果搞得过了头，就会变成严酷粗暴。

——柏拉图（古希腊哲学家）

激情的猛烈性和连续性可以造成疯狂：这种激情，要么是很大的虚荣心（通常称为骄傲和自负），要么是严重的沮丧心情。

——托马斯·霍布斯（英国思想家）

激情是一种希望，这种希望可能变成失望。激情同时意味着痛苦和过度。希望破灭时，激情便终止了。

——奥诺雷·德·巴尔扎克（法国作家）

当心灵受到某种感情激励时，要它只局限于那种感情而不产生任何变迁显然是很困难的。人类天性变化不定，不可能规行矩步。

——大卫·休谟（英国哲学家）

激情不过是一种强化了的好的或者坏的品质而已。
——约翰·沃尔夫冈·冯·歌德（德国思想家、作家）

伟大的激情是无法治愈的疾病，越治就会变得越重。
——约翰·沃尔夫冈·冯·歌德（德国思想家、作家）

每一刻都应在激情中度过，而不应在翻动日历中消磨；每一刻都是一天，都是在与生命争夺。

——本杰明·迪斯雷利（英国政治家、小说家）

在天才的激情中，哲学变成诗篇，科学变成想象。

——本杰明·迪斯雷利（英国政治家、小说家）

每部杰作都是激情迸发的产物。

——本杰明·迪斯雷利（英国政治家、小说家）

· · 信 念 · · ·

　　你觉得行就行，你觉得不行就不行——这是条不可改变的定律，无可置疑的法则。

——巴勃罗·毕加索（西班牙画家）

　　一个有信念的人，所发出来的力量大于九十九位仅心存兴趣的人。

——约翰·穆勒（英国哲学家）

　　一个人的主张和信念发展成信仰，而信仰又变成富有激情的直觉。

——威廉·华兹华斯（英国诗人）

　　我认为自己是这样的人：从小我就知道，我要对自己负责，我必须成功。

——奥普拉·温弗瑞（美国脱口秀节目主持人）

　　我们之所以输掉，是因为我们告诉自己已经输了。

——列夫·尼古拉耶维奇·托尔斯泰（俄国作家）

在现代社会中，没有信念的阔佬比没有节操的贫妇更加危险。

——萧伯纳（爱尔兰剧作家）

信念是有益的，但它不具有真理性。

——阿米尔（瑞士哲学家）

人有没有信念并非取决于铁链或任何其他外在的压力。

——托马斯·卡莱尔（英国作家）

人的强烈愿望一旦产生，就很快会转变成信念。

——爱德华·扬格（英国诗人）

有必胜信念的人才能成为战场上的胜利者。

——希金森（美国作家）

有信念的人经得起任何风暴。

——奥维德（古罗马诗人）

一场战役之所以输掉，是因为自己先认了输。

——让－保罗·萨特（法国哲学家）

冬天到了，春天还会远吗？

——珀西·比希·雪莱（英国诗人）

由百折不挠的信念所支持的人的意志，比那些似乎是无敌的物质力量具有更大的威力。

——阿尔伯特·爱因斯坦（美国物理学家）

信念是储备品，行路人在破晓时带着它登程，但愿他在日暮以前足够使用。

——柯罗连科（俄国作家）

如果信念的热力不能使心灵感到温暖，那就谈不上什么幸福。

——伊万·亚历山德罗维奇·冈察洛夫（俄国作家）

最可怕的敌人，就是没有坚强的信念。

——罗曼·罗兰（法国作家）

信念最好能由经验和明确的思想来支持。

——阿尔伯特·爱因斯坦（美国物理学家）

每个人都有足够的余力去实现自己的信念。

——约翰·沃尔夫冈·冯·歌德（德国思想家、作家）

勇敢和必胜的信念常使战斗得以胜利结束。

——弗里德里希·恩格斯（德国思想家）

如果一个人有足够的信念，那么他就能创造奇迹。

——西格里德·温塞特（挪威作家）

不要害怕生活，坚信生活的确值得去生活，那么你的信念就会有助于创造这个事实。

——威廉·詹姆斯（美国哲学家）

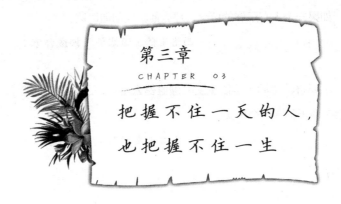

第三章
CHAPTER 03

把握不住一天的人，
也把握不住一生

·· 当　下 ··

只有死后也做不完的事才应该拖到明天。

——巴勃罗·毕加索（西班牙画家）

永远不要把你今天可以做的事留到明天做。

——查尔斯·狄更斯（英国作家）

忽视当前一刹那的人等于虚掷了他所有的一切。

——约翰·克利斯托夫·弗里德里希·冯·席勒

（德国剧作家、诗人）

今天不开始做的事，明天永远不会完成。

——约翰·沃尔夫冈·冯·歌德（德国思想家、作家）

只有一个时刻最重要——现在！它之所以最为重要，是因为它是我们唯一能掌控的时刻。

——列夫·尼古拉耶维奇·托尔斯泰（俄国作家）

做事五步法：沉醉你的梦想，激发出热情，撬动潜意识，冰冷的理性，周密的当下。

——稻盛和夫（日本企业家）

一个人做事拖拖拉拉不是因为他不理性，而是他身处的环境不合理。

——纳西姆·尼古拉斯·塔勒布

（美国学者）

明天的时光长于逝去的时光，行动的动力是我们不死的愿望。不管何处是生命的尽头，活一天就要有一天的希望。

——米哈伊尔·尤里耶维奇·莱蒙托夫（俄国诗人）

真正忙碌的人没有时间去胡思乱想。

——吕齐乌斯·安涅·塞涅卡（古罗马哲学家）

··效 能··

工作中最重要的是高效率。

——约瑟夫·艾迪生（英国诗人）

世上只有两种特质：高效率和低效率；世上只有两种人：高效率的人和低效率的人。

——萧伯纳（爱尔兰剧作家）

你没有最有效地使用而把它放过去的那个钟点是永远不能返回了。

——列夫·尼古拉耶维奇·托尔斯泰（俄国作家）

请聚精会神地听时间说话，时间是最贤明的法律顾问。

——培里克列斯（古希腊雅典政治家）

时间是世界上一切成就的土壤。时间给空想者痛苦，给创造者幸福。

——詹姆斯·麦肯锡（美国麦肯锡公司创始人）

时间是个常数，但对勤奋者来说是个变数，用"分"计算时间的人，比用"时"计算时间的人，时间多五十九倍。

——阿纳托利·纳乌莫维奇·雷巴科夫（俄国作家）

善于利用时间的人，永远找得到充裕的时间。

——约翰·沃尔夫冈·冯·歌德（德国思想家、作家）

合理安排时间，就等于节约时间。

——弗朗西斯·培根（英国哲学家）

时间应分配得精密，使每年、每月、每天和每小时都有它的特殊任务。

——扬·阿姆斯·夸美纽斯（捷克教育家）

我不是用小时来行动，而是用分钟来行动的。

——亚历山大·瓦西里耶维奇·苏沃洛夫（俄国元帅）

效率是做好工作的灵魂。

——菲利普·道摩·斯坦霍普（英国作家）

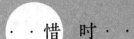

·· 惜　时 ··

　　每个人嘴上都谈到时间的价值，但只有很少的人在行动上珍惜时间的价值。

　　　　　　　　——菲利普·道摩·斯坦霍普（英国作家）

　　当许多人在一条路上徘徊不前时，他们不得不让开一条大路，让那珍惜时间的人赶到他们的前面去。

　　　　　　　　——苏格拉底（古希腊哲学家）

　　时间一点一滴凋谢，犹如蜡烛慢慢燃尽。

　　　　　　　　——威廉·巴特勒·叶芝（爱尔兰诗人）

　　时间迅疾地飞去——我们多么希望一切事物能与它同飞。

　　　　　　　　——弗里德里希·威廉·尼采（德国哲学家）

　　时间流逝，像平静的河水，没有一道裂痕，没有一道皱纹，从容不迫，好像永生永世都应该如此。

　　　　　　　　——罗曼·罗兰（法国作家）

真正的敏捷是一件很有价值的事。因为时间是衡量事业的标准，一如金钱是衡量货物的标准。

——弗朗西斯·培根（英国哲学家）

世上真不知道有多少能成就功业的人，都因为把难得的时间轻轻放过以致默默无闻了。

——居伊·德·莫泊桑（法国作家）

平庸的人关心怎样耗费时间，有才能的人竭力利用时间。

——阿图尔·叔本华（德国哲学家）

那些敢于失去一天的人，是危险的奢侈；那些敢胡乱用它的人，更可谓不顾死活。

——荷马（古希腊诗人）

如果你浪费你的工作时间，你就会感觉到你犯了不能宽恕的罪恶。

——欧内斯特·米勒尔·海明威（美国作家）

一个胆敢浪费一小时时间的人是未曾发现人生价值的人。

——查尔斯·罗伯特·达尔文（英国生物学家）

人生最大的悲痛莫过于辜负青春。

——乔万尼·薄伽丘（意大利作家）

时间的步伐有三种：未来姗姗来迟，现在像箭一般飞逝，过去永远静立不动。

——约翰·克利斯托夫·弗里德里希·冯·席勒
（德国剧作家、诗人）

时间会刺破青春表面的彩饰，会在美人的额上掘深沟浅槽，会吃掉稀世之珍、天生丽质，什么都逃不过他那横扫的镰刀。

——威廉·莎士比亚（英国戏剧家、诗人）

时间的无声的脚步，往往不等我完成最紧急的事务就溜过去了。

——威廉·莎士比亚（英国戏剧家、诗人）

时间往往会给那些不能理解的东西改换名称。

——弗朗茨·李斯特（匈牙利作曲家）

时间带走一切，长年累月会把你的名字、外貌、性格、命运都改变。

——柏拉图（古希腊哲学家）

时间是吞噬一切的。

——奥维德（古罗马诗人）

时间悄悄地、慢慢地摧毁一切。

——穆斯塔法·凯末尔·阿塔图尔克（土耳其政治家）

结局和开始——根本没有这种东西，有的只是时间。

——佛洛斯特（奥地利作家）

年轻的时候，日短年长；年老的时候，年短日长。

——恺撒（古罗马政治家）

任何事物都无法抗拒吞食一切的时间。

——拉宾德拉纳特·泰戈尔（印度诗人）

时间与潮流不等待任何人。

——沃尔特·司各特（英国作家）

时间，只是在我们度过了以后才变得神圣起来。

——约翰·巴勒斯（美国作家）

时间是最大的革新家。

——弗朗西斯·培根（英国哲学家）

上苍赐给世人的时间是无限的。究竟怎样赐给我们呢？是一下子就给我们一千年吗？是把时间均匀地分成一个个清新的早晨。

——拉尔夫·沃尔多·爱默生（美国作家）

对时间的价值没有深切认识的人，决不会坚韧勤勉。

——莉迪亚·亨特利·西格妮（美国作家）

时间是灵魂的"生命"。

——亨利·沃兹沃斯·朗费罗（美国诗人）

时间是变化的财富。

——拉宾德拉纳特·泰戈尔（印度诗人）

时间是神圣的礼物，每日是小小的人生。

——约翰·卢保克（英国科学家）

时间能使人生色，也能使人毁灭。

——约翰·沃尔夫冈·冯·歌德（德国思想家、作家）

只有把时间切断的时候我们才会感到时间的流动和运动。

——米歇尔·布托尔（法国作家）

时间对于谁都是奔跑着的。

——威廉·莎士比亚（英国戏剧家、诗人）

时间像奔腾澎湃的急湍，它一去无还，毫不流连。

——塞万提斯·萨维德拉（西班牙作家）

时间是人所能花费的一种最贵重的东西。

——第欧根尼·拉尔修（古罗马希腊哲学家）

人生是介于过去与未来之间的一瞬。

——托马斯·卡莱尔（英国作家）

在每个时代，"过去的好时光"只是一个神话。当时的人们谁也不曾认为那是好时光。

——阿特金森（奥地利作家）

凡有东西活着的地方，都摊开着记载时间的账簿。

——亨利·柏格森（法国哲学家）

有三样东西是永远不会回来的：射出去的箭，说过了的话，度过的日子。

——道梅尔（德国诗人）

时光总是使它的顾客欠着账，它借给他们分秒，却要他们付回年岁。

——奥利弗·温德尔·霍姆斯（美国法学家）

时间不能增添一个人的寿命，然而珍惜光阴可使生命变得更有价值。

——卢瑟·伯班克（美国植物学家）

你要把时间当作一条河，你要坐在岸旁，看它流逝。

——纪伯伦·哈利勒·纪伯伦（黎巴嫩诗人）

时间是所有事物中最难下分界和似是而非的：过去的已消逝，将来还未来临，而现在则是我们试图划分的时候，马上成为过去，像电光一闪，存在仅一刹那间。

——贝尔纳多·科尔顿（阿根廷作家）

醒来吧——你的良宵已经来临！醒来吧——每一瞬间都贵如黄金！

——亚历山大·谢尔盖耶维奇·普希金（俄国诗人）

不要为已消尽之年华叹息，必须正视匆匆溜走的时光。

——贝尔托·布莱希特（德国剧作家）

不要老叹息过去，它是不再回来的；要明智地改善现在，要以不忧不惧的坚决意志投入扑朔迷离的未来。

——亨利·沃兹沃斯·朗费罗（美国诗人）

一生中的机会错过以后，就没有余地能够让后悔来弥补损失！

——查尔斯·狄更斯（英国作家）

在世界上我们只活一次，所以应该爱惜光阴。必须过真实的生活，过有价值的生活。

——伊万·彼得罗维奇·巴甫洛夫（俄国生理学家）

唉，你在一件坏的事情上损耗了多少好时光！

　　　　　——吕齐乌斯·安涅·塞涅卡（古罗马哲学家）

记住吧：只有一个时间是重要的，那就是现在！它所以重要，就是因为它是我们唯一有所作为的时间。

　　　　　——列夫·尼古拉耶维奇·托尔斯泰（俄国作家）

成功与失败的分水岭，可以用这五个字来表达——我没有时间。

　　　　　——本杰明·富兰克林（美国政治家、科学家）

抛弃时间的人，时间也抛弃他。

　　　　　——威廉·莎士比亚（英国戏剧家、诗人）

天下最可贵的，莫如时日；天下最奢侈的，莫如浪费时日。

　　　——沃尔夫冈·阿玛多伊斯·莫扎特（奥地利作曲家）

浪费时间叫虚度，利用时间叫生活。

　　　　　——爱德华·杨格（英国作家）

浪费时间是一桩大罪过。

　　　　　——让－雅克·卢梭（法国启蒙思想家）

一个人愈知道时间的价值，愈感觉失时的痛苦呀！

　　　　　——但丁·阿利吉耶里（意大利诗人）

谁把握住时间，谁就拥有一切。人若把一生的光阴虚度，便是抛下黄金未买一物。

——萨迪（波斯诗人）

三延四拖，你就是时间的小偷。

——上田敏（日本文学评论家）

珍惜一切时间，用于有益之事，不搞无谓之举。

——本杰明·富兰克林（美国政治家、科学家）

切勿坐耗时间，须知每时每刻都有无穷的利息；日计不足，岁计有余。

——本杰明·富兰克林（美国政治家、科学家）

第四章
CHAPTER 04

不会深度休息的人，
也不会高效工作

··休 闲··

闲暇不是心灵的充实，而是为了心灵得到休息。

——马尔库斯·图利乌斯·西塞罗（古罗马哲学家）

真正的空闲不是有不工作的自由，而是在工作中有自由，而且在工作中有时间谈话，有时间反复思考，有时间思考生活的意义。

——刘易斯·芒福德（美国作家、教师及哲学家）

休息是滋养疲乏的精神保姆。

——威廉·莎士比亚（英国戏剧家、诗人）

劳心可以使身体得到休息，劳力可以使精神得到休息。

——俾斯麦（德意志帝国第一任首相）

世界上没有一个懒人可以长寿；凡是长寿的人，其一生总是积极活动的。

——戈费朗特（德国医生）

没有间歇，便不能持久。

——奥维德（古罗马诗人）

劳动后的休息，是一种纯粹的喜悦。

——伊曼努尔·康德（德国哲学家）

无论身份高低，只要会消遣就是幸福。……那是从思索自己的事中岔开的幸福。

——布莱士·帕斯卡（法国数学家、物理学家）

所谓会读书，就是本着诚意去读确实有价值的书。这是一种高尚的消遣。

——亨利·戴维·梭罗（美国作家）

闲暇是哲学之母。

——托马斯·霍布斯（英国思想家）

闲适：你花在不付报酬的工作上的时间。

——弗朗西斯·培根（英国哲学家）

教会留出某些日子，用来献给神而可以悠闲自在，还能促进虔信……消磨这种日子的最稳妥的办法就是坐着哈欠连天。

——伏尔泰（法国启蒙思想家）

悠闲的生活与懒惰是两回事。

——本杰明·富兰克林（美国政治家、科学家）

过多或过少的休息，都令人无法松气。

——希尔泰（瑞士学者）

休闲给身体和头脑提供养料。

——奥维德（古罗马诗人）

闲暇是霓裳，不宜常穿用。

——萨缪尔·约瑟夫·阿格农（以色列作家）

真正的闲暇并不是说什么也不做，而是能够自由地做自己感兴趣的事情。

——萧伯纳（爱尔兰剧作家）

真正的思想家最向往的是充分的闲暇。平凡的学者之所以回避它，是因为不知如何打发闲暇。

——易卜生（挪威戏剧家）

休息是好事，可倦怠是其兄弟。

——伏尔泰（法国启蒙思想家）

如果一年到头如假日，岂不像连日工作那样令人疲乏？

——威廉·莎士比亚（英国戏剧家、诗人）

财富的增长和闲暇的增加是人类文明的两大杠杆。

——本杰明·迪斯雷利（英国政治家、小说家）

能聪明地充实闲暇时间是人类文明的最新成果。

——伯特兰·阿瑟·威廉·罗素（英国哲学家）

有时间改善自己灵魂资产的人享有真正的闲暇之乐。

——亨利·戴维·梭罗（美国作家）

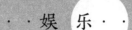

··娱　乐··

最有趣的娱乐一定是最无意义的。

——夏尔多纳（法国作家）

我们的心智需要松弛，倘若不进行一些娱乐活动，精神就会垮掉。

——莫里哀（法国剧作家）

娱乐作为其他方式上的生活，由于使我们平生不用的器官和能力活动起来，因而娱乐又可能成为教养。

——三木清（日本哲学家）

我十分赞赏公共娱乐，因为娱乐可以防止人们去干不正经的事。

——塞缪尔·约翰逊（英国作家）

一个人有自己的兴趣爱好，无论走到哪里，都能自娱自乐，欣喜不已。

——亨利·亚当斯（美国历史学家）

一个国家的音乐特色和娱乐场面，是在所有的记忆中最具感染力和最令人陶醉的部分。

——罗伯特·麦金托什（美国作家）

一个明智地追求快乐的人，除了培养生活赖以支撑的主要兴趣之外，总得设法培养其他许多闲情逸趣。

——伯特兰·阿瑟·威廉·罗素（英国哲学家）

人人都应有一种深厚的兴趣或嗜好，以丰富心灵，为生活添加滋味，同时也许可以借着它，对自己的国家有所贡献。

——戴尔·卡耐基（美国人际关系学大师）

有目的的娱乐，不能成为真正的娱乐。娱乐没有目的，可对生活来说是符合目的的。

——三木清（日本哲学家）

一切没有后患的欢乐不仅有补于人生的终极（即幸福），也可以借以为日常的憩息。

——亚里士多德（古希腊哲学家）

欢娱本身并不是罪孽；但是，能带来一定乐趣的东西，同时也会留下比乐趣本身大出许多倍的烦恼。

——伊壁鸠鲁（古希腊哲学家）

腾不出时间娱乐的人，早晚会被迫腾出时间生病。

——约翰·沃纳梅克（美国商业家）

为了得到真正的快乐，避免烦恼和脑力的过度紧张，我们都应该有一些嗜好。

——温斯顿·丘吉尔（英国政治家）

在玩乐中，我们能表现出我们是怎样的一种人。

——奥维德（古罗马诗人）

兴趣最狭窄的人懂得最少，然而什么都感兴趣的人则什么都不懂。

——威廉·赫兹利特（英国评论家）

看来把娱乐看成件好事要合理得多，可是要记住，某些娱乐会带来有害的后果，因此也许避开它更为明智。

——威廉·萨默塞特·毛姆（英国作家）

适度的娱乐能放松人的情绪，陶冶人的情操。

——吕齐乌斯·安涅·塞涅卡（古罗马哲学家）

生活既与娱乐相区别，又与娱乐是统一的。……娱乐必须成为生活，生活必须成为娱乐。

——三木清（日本哲学家）

娱乐应该成为艺术，生活应该成为艺术。生活的技术应该就是生活的艺术。

——三木清（日本哲学家）

懂得如何玩乐实在是一种幸福的才能。

——拉尔夫·沃尔多·爱默生（美国作家）

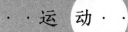

· · 运 动 · ·

　　入睡时行，绕室千步，始就枕。……盖则神劳，劳者思息，动极而求静。

——佚名

　　运动是世界上最好的安定剂，运动的作用可以代替药物，但所有的药物都不能代替运动。

——蒂索（法国作家）

　　在吃饭、睡觉、运动的时候，心中坦然，精神愉快，乃是长寿的秘诀之一。

——弗朗西斯·培根（英国哲学家）

　　一个人如果不经常从事运动，身体不可能健壮。

——弗朗西斯·培根（英国哲学家）

　　一个埋头脑力劳动的人，如果不经常活动四肢，那是一件极其痛苦的事情。

——列夫·尼古拉耶维奇·托尔斯泰（俄国作家）

静止便死亡，只有运动才能敲开永生的大门。

——拉宾德拉纳特·泰戈尔（印度诗人）

水若停滞即失其纯洁，心不活动精气立消。

——列奥纳多·达·芬奇（意大利画家）

运动是一切生命的源泉。

——列奥纳多·达·芬奇（意大利画家）

生命在于运动。

——伏尔泰（法国启蒙思想家）

运动是身体的锻炼、德性的培养。

——维克多·雨果（法国作家）

器官得不到锻炼，同器官过度紧张一样，都是极有害的。

——伊曼努尔·康德（德国哲学家）

生活多美好啊，体育锻炼乐趣无穷！

——亚历山大·谢尔盖耶维奇·普希金（俄国诗人）

我宁愿我的学生打网球来消磨时间，至少还可以使身体得到锻炼。

——让-雅克·卢梭（法国启蒙思想家）

体育是使整个有机体得到自然的和谐的发展。

——尼古拉·亚历山大罗维奇·杜勃罗留波夫

（俄国文艺理论家）

从小熬穷受苦的人，大都磨炼出一种本领——身体结实。很少生病，更少死亡。

——拉宾德拉纳特·泰戈尔（印度诗人）

从锻炼角度看，躺着不如坐着，坐着不如站着，站着不如走着。

——让－雅克·卢梭（法国启蒙思想家）

把身体上与精神上的训练相互变成一种娱乐，说不定就是教育上的最大秘诀之一。

——约翰·洛克（英国哲学家）

走路对脑力劳动者，特别是对进行创造性劳动的人来说，是一种生理活动的最好方式。

——哈拉里德（英国生物学家）

我最宝贵的思维及其最好的表达方式，都是当我散步时出现的。

——约翰·沃尔夫冈·冯·歌德（德国思想家、作家）

··旅 行··

旅游的作用就是用现实来约束想象：不是去想事情会是怎样的，而是去看它们实际上是怎样的。

——塞缪尔·约翰逊（英国作家）

旅行是解脱，是经验，是教育。

——三木清（日本哲学家）

旅行是人生的缩影。

——三木清（日本哲学家）

一个人单独旅行好处较多，因为他思考得多。

——托马斯·杰弗逊（美国思想家）

对我来说，旅行不是为到达某个地方，而是为了行走。我是为旅行而旅行的。旅行的重要意义就在于动。

——罗伯特·路易斯·史蒂文森（英国作家）

旅行对我来说，是恢复青春活力的源泉。

——汉斯·克里斯汀·安徒生（丹麦童话作家）

旅行有好多益处：新鲜满怀；见闻大开；观赏新都市的欢悦；与陌生朋友的相遇；能学到各种高雅的举止。

——萨迪（波斯诗人）

旅行虽颇费钱财，却使你懂得社会。

——西奥多·德莱塞（美国作家）

没有旅行过的人，背井离乡到了陌生的地方，看起来总是奇趣无穷的。这是给人安慰、愉快的事情，仅次于恋爱而已。

——西奥多·德莱塞（美国作家）

旅行能培养人的耐力。

——本杰明·迪斯雷利（英国政治家、小说家）

我们在旅行时脱离了日常的事物而陷入纯粹的静观，对于以平生自明的、已知的事理为前提的人，才保持了新鲜的感觉。

——三木清（日本哲学家）

旅行使人伤感，但如果在旅行时只一味地陷入伤感情绪中，就不会有任何深刻的见解和独特的感受。

——三木清（日本哲学家）

旅行在我看来还是一种颇为有益的锻炼，心灵在旅行中不断地进行探索新的未知事物的活动。

——米歇尔·德·蒙田（法国思想家、作家）

世界是一本书，从不旅行的人等于只看了这本书的一页而已。

——奥古斯丁（古罗马哲学家）

从不出门的人，必定是满腹偏见。

——哥尔多尼（意大利剧作家）

旅行使我们体味人生。

——三木清（日本哲学家）

一个旅行人，当他刚刚爬上了一座峻峭险陡的山峰，坐在山顶上休息一会儿，在这个休息的时间里，他会感觉到甜美的欢乐。

——司汤达（法国作家）

人是一种活动的植物，他们像树一样，从空气中得到大部分的营养。如果他们过于守在家里，他们就憔悴了。

——拉尔夫·沃尔多·爱默生（美国作家）

对于年轻人，旅游是一种教育的方式。而对于老年人，旅游则构成一种经验。

——弗朗西斯·培根（英国哲学家）

对我而言，旅行是使精神返老还童的秘方。

——汉斯·克里斯汀·安徒生（丹麦童话作家）

没有知识的旅行者是一只没有翅膀的鸟。

——萨迪（波斯诗人）

一个人在旅游时必须带上知识，如果他想带回知识的话。

——塞缪尔·约翰逊（英国作家）

一个人抱着什么目的去游历，他在游历中就只知道获取同他的目的有关的知识。

——让－雅克·卢梭（法国启蒙思想家）

第五章
CHAPTER 05

且行且修正

·· 理 想 ··

乐观地设想、悲观地计划、愉快地执行。

——稻盛和夫（日本企业家）

未来有好几个名字。对软弱的人而言，它是"不可能"；对胆怯的人而言，它是"未知数"；对有谋略而勇敢的人而言，它是"理想"。

——维克多·雨果（法国作家）

强烈的希望，比任何一种已实现的快乐，对人生具有更大的激奋作用。

——弗里德里希·威廉·尼采（德国哲学家）

我对于事业的抱负和理想，是以"真"为开始，"善"为历程，"美"为最终目标的。

——马尔库斯·图利乌斯·西塞罗（古罗马哲学家）

理想是指路明灯，没有理想，就没有坚定的方向，就没有生活。

——列夫·尼古拉耶维奇·托尔斯泰（俄国作家）

你们的理想与热情，是你们航行的灵魂的舵和帆。

——纪伯伦·哈利勒·纪伯伦（黎巴嫩诗人）

一个人的理想越崇高，生活就越纯洁。

——尤利乌斯·伏契克（捷克作家）

启发我并永远使我充满生活乐趣的理想是真、善、美。

——阿尔伯特·爱因斯坦（美国物理学家）

我们的生活就像旅行，思想是导游者，没有导游者，一切都会停止，目标会丧失，力量也会化为乌有。

——约翰·沃尔夫冈·冯·歌德（德国思想家、作家）

宣传最崇高的理想，倘若看不到通往这个理想的正确道路，也是无济于事的。

——亨利·巴比塞（法国作家）

美满的人生，是在使理想与现实两者切实吻合。

——戴维·赫伯特·劳伦斯（英国作家）

我从来不把安逸和快乐看作是生活目的的本身——这种伦理基础，我叫它猪栏的理想。

——阿尔伯特·爱因斯坦（美国物理学家）

理想失去了，青春之花也便凋零了，因为理想是青春的光和热。

——罗曼·罗兰（法国作家）

理想的人物不仅要在物质需要的满足上，还要在精神旨趣的满足上得到表现。

——格奥尔格·威廉·弗里德里希·黑格尔

（德国哲学家）

最理想的境地即不可达，而人往往不知退而求其次。

——威廉·莎士比亚（英国戏剧家、诗人）

理想——一串跳荡的音符，奏响了我们心中青春的乐章；理想——一束心灵的阳光，点燃了我们胸膛里的火焰。

——约翰·沃尔夫冈·冯·歌德（德国思想家、作家）

人的理想粉碎了迷信，而人的感情也将摧毁利己主义。

——海因里希·海涅（德国诗人）

一个志向高远的人，不仅要超越他的行为和判断，甚至也要超越公正本身。

——弗里德里希·威廉·尼采（德国哲学家）

凡配称为理想的事物，就必带有善美的本质。

——简·奥斯汀（英国作家）

伟大的理想只有经过忘我的关键和牺牲才能胜利地实现。

——拉法埃洛·乔万尼奥里（意大利作家）

为理想的实现而生活，则生趣盎然。

——本杰明·迪斯雷利（英国政治家、小说家）

只有同这个世界结合起来，我们的理想才能结出果实；脱身这个世界，理想就不结果实。

——伯特兰·阿瑟·威廉·罗素（英国哲学家）

没有理想，即没有某种美好的愿望，也就永远不会有美好的现实。

——费奥多尔·米哈伊洛维奇·陀思妥耶夫斯基

（俄国作家）

一个人提到理想，必然充满感情；他会想到流露真心的那种缥缈美丽的梦境。

——丹纳（法国史学家）

理想的书籍是智慧的钥匙。

————列夫·尼古拉耶维奇·托尔斯泰（俄国作家）

理想是世界上最快乐的事。

————苏格拉底（古希腊哲学家）

生活中没有理想的人，是可怜的人。

————伊凡·谢尔盖耶维奇·屠格涅夫（俄国作家）

生活好比旅行，理想是旅行的路线，失去了路线，只好停止前进。

————维克多·雨果（法国作家）

毫无理想而又优柔寡断是一种可悲心理。

————弗朗西斯·培根（英国哲学家）

理想是人生的太阳。

————西奥多·德莱塞（美国作家）

理想是世界的主宰。

————乔·吉·霍兰（英国作家）

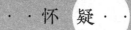

怀 疑

伟大的灵魂是向往怀疑的。

——弗里德里希·威廉·尼采（德国哲学家）

我喜欢我四岁的时候怀疑一切的眼光。

——张爱玲（中国作家）

疑惑固非乐事，确信更属荒唐。

——伏尔泰（法国启蒙思想家）

人最可贵的品质是能明智地意识到什么不该相信。

——欧里庇得斯（古希腊悲剧作家）

心思中的猜疑犹如鸟中的蝙蝠，它们永远是在黄昏里飞的。

——弗朗西斯·培根（英国哲学家）

疑者，觉悟之机也。一番觉悟，一番长进。

——陈献章（中国古代书法家）

如果世界上还有比痛苦更坏的事，那么，它就是怀疑了。

——列夫·尼古拉耶维奇·托尔斯泰（俄国作家）

如果你想成为一个真正的真理寻求者，在你的一生中至少应该有一个时期，要对一切事物都尽量怀疑。

——笛卡尔（法国哲学家）

科学发现的过程是一个由好奇、疑虑开始的飞跃。

——阿尔伯特·爱因斯坦（美国物理学家）

科学始终是不公道的。如果它不提出十个问题，也就永远不能解决一个问题。

——萧伯纳（爱尔兰剧作家）

怀疑并非信仰的反面，而是信仰的一种要素。

——罗曼·罗兰（法国作家）

怀疑能把昨天的信仰摧毁，替明日的信仰开路。

——罗曼·罗兰（法国作家）

信仰与怀疑相辅相成，没有怀疑就没有真正的信仰。

——赫尔曼·黑塞（德国作家）

要追求真理，我必须在一生中尽可能地把所有的事情都来怀疑一次。

——笛卡尔（法国哲学家）

　　怀疑是无限的探求。

——苏格拉底（古希腊哲学家）

　　怀疑的眼睛就像猫头鹰的眼睛一样，要在黑暗中才能看见，光明反而可以使它失去视力。

——约卡伊·莫尔（匈牙利作家）

　　怀疑是知识的钥匙。

——萨迪（波斯诗人）

　　怀疑是批评的一个要素，而批评的倾向必须是带怀疑性的。

——本杰明·迪斯雷利（英国政治家、小说家）

··反 省··

以人为鉴，明白非常，是使人能够反省的妙法。

——鲁迅（中国作家）

在没有反省一天中的所作所为之前，请你先别把倦怠的双眼合拢："有无过失？做了些什么？哪些该做的没做？"尔后由此检讨一下你的行为，并记在心中。有过则思过，做得好的就从中得到鼓舞。

——毕达哥拉斯（古希腊哲学家）

反躬自省是通向美德和上帝的途径。

——瓦茨（英国画家）

除了六天劳作以外，还留一天用于省悟，这一点全人类都是赞同的。

——拉尔夫·沃尔多·爱默生（美国作家）

一个人要研究和反省自己的过错，否则，还会重犯同样的错误。

——米歇尔·德·蒙田（法国思想家、作家）

反省的严格程度与进步程度成正比。

——本田宗一郎（日本企业家）

光顾着忙是不够的，因为蚂蚁也在忙。问题在于，我们到底在为什么而忙。

——亨利·戴维·梭罗（美国作家）

··渐 进··

精神愈用愈增加，智慧愈练愈明智。

　　　　　　　　——曾国藩（中国清代名臣）

学习和研究好比爬梯子，要一步步地往上爬。企图一下登四五步，平步登天，就必然会摔跤。

　　　　　　　　——华罗庚（中国数学家）

想要攀登学习的高峰以前，先应该去学习它的 ABC。

　　　　——伊万·彼得罗维奇·巴甫洛夫（俄国生理学家）

应当循序渐进地来学习一切，在一段时间内，只应当把注意力集中在一件事情上。

　　　　　——扬·阿姆斯·夸美纽斯（捷克教育家）

循序渐进，循序渐进，再循序渐进！你们从一开始工作起，就要在积累知识方面养成严格的循序渐进的习惯。

　　　　——伊万·彼得罗维奇·巴甫洛夫（俄国生理学家）

要循序渐进！我走过的道路，就是一条循序渐进的道路。

——华罗庚（中国数学家）

"书山有路勤为径"，为学之道没有捷径可走。我就是这样循序渐进，下苦功夫攻读的。

——卢鹤绂（中国核物理学家）

学者用功，须是渐进而不已，日计不足，岁计则有余。若一曝十寒，进锐退速，皆非学也。

——朱舜水（中国明朝学者）

重要的书必须常常反复阅读，每读一次都会觉得开卷有益。

——儒勒·列那尔（法国作家）

至少读三遍，第一遍，当作艺术享受；第二遍，大拆卸，像机枪手学习拆卸和装配机枪一样，仔细考察每个零件的性能、制作方法和它们的联系；第三遍，再浏览，求得一个技术的完整印象。

——王汶石（中国作家）

我们在不断接触新知识的同时，对已学过的课程要学而时习之，这样经过反复循环多次复习，不仅能巩固、深化已学的知识，而且有利于更好地掌握新东西，即"温故而知新"。

——卢嘉锡（中国科学家）

学一次有一次见解，习一次有一次情趣，愈久愈入，愈入愈熟。

——颜元（中国清代学者）

对一种行动或科学技术，先模仿照样做，然后再反复练习，使之纯熟，最后熟能生巧，有个人心得或新发现，才能得到一种快乐。

——吴耕民（中国园艺学家）

读书的喜悦，得自一次又一次地反复阅读。

——戴维·赫伯特·劳伦斯（英国作家）

读书是一个反复的过程，要通过反复使自己学到的东西达到娴熟的程度。

——张广厚（中国数学家）

你首先当原告，然后做法官，最后才做辩护师。有时候必须对自己严厉些。

——吕齐乌斯·安涅·塞涅卡（古罗马哲学家）

第六章
CHAPTER 06
勇猛精进

··准 备··

充分的准备是成功的一半。

——塞万提斯·萨维德拉（西班牙作家）

每个人一生中，财富都会来找他一次；但若他还没做好迎接的准备，财富就会在进门之后又从窗口飞走。

——孟德斯鸠（法国启蒙思想家）

要想利用风驰电掣的机会，不仅要做好物资上的准备，更重要的是要做好精神上的准备。

——吕齐乌斯·安涅·塞涅卡（古罗马哲学家）

防患于未然。——谁若将这句话奉为信条，谁就永远不会遇到不幸。

——阿米尔（瑞士哲学家）

人们说，没有预见，就不会有准备。

——约翰·德莱顿（英国诗人、剧作家、文学批评家）

今天不做好准备的人，明天将更加束手无策。

——奥维德（古罗马诗人）

自信是成功的关键之一，而准备是自信的关键之一。

——亚瑟·阿什（美国网球运动员）

如果你把练习当成在比赛，正式上场时就不会有任何差别。这是我之所以这么拼命练习的原因。我想为比赛做好准备。

——迈克尔·乔丹（美国篮球运动员）

要把明天的工作做好，最好的准备就是先做好今天的工作。

——阿尔伯特·哈伯德（美国作家）

幸运就是"准备"与"机会"相遇时发生的事。

——吕齐乌斯·安涅·塞涅卡（古罗马哲学家）

· · 自　信 · ·

　　你必须有雄心壮志和充满自信心，不要因为遭到拒绝而颓丧。我起步时，遭到的拒绝远多于得到的肯定。但即使有一百个人对我说 NO，那个说 YES 的人却把我送上了电影之路。

——史蒂文·斯皮尔伯格（美国导演）

　　社交场上的信心比机智更加重要。

——弗朗索瓦·德·拉罗什富科（法国作家）

　　从想要开始真正创造的那一刻起，最重要的就是信任自己，也就是要有自信。

——稻盛和夫（日本企业家）

　　本领加信心是一支战无不胜的军队。

——乔治·赫伯特（英国诗人）

　　缺乏信心并不是因为出现了困难，而出现困难倒是因为缺乏信心。

——吕齐乌斯·安涅·塞涅卡（古罗马哲学家）

我们每做一件事都应该既小心谨慎，又充满信心。

——爱比克泰德（古罗马哲学家）

所谓不可能，只是现在的自己不可能，对将来的自己而言那是"可能"的。应该用这种"将来进行时"来思考。要相信我们具备还没有发挥出来的巨大力量。

——稻盛和夫（日本企业家）

自信是走向成功之路的第一步，缺乏自信是失败的主要原因。

——威廉·莎士比亚（英国戏剧家、诗人）

信心可以使一个人得以征服他相信可以征服的东西。

——约翰·德莱顿（英国诗人、剧作家、文学批评家）

对于那些有自信不介意于暂时失败的人，没有所谓失败！对怀着百折不挠的坚定意志的人，没有所谓失败！

——维克多·雨果（法国作家）

发明家全靠一股了不起的信心支持，才有勇气在不可知的天地中前进。

——奥诺雷·德·巴尔扎克（法国作家）

果断获得信心，信心产生力量，而力量是胜利之母。

——亨利希·曼（德国作家）

只要你能够自信，别人也就会信你。

——约翰·沃尔夫冈·冯·歌德（德国思想家、作家）

那些即使遇到了机会，还不敢自信必能成功的人，只能得到失败。

——阿图尔·叔本华（德国哲学家）

对自己都不信任，还会信任什么真理！

——威廉·莎士比亚（英国戏剧家、诗人）

自我信任是成功的第一个秘诀。

——拉尔夫·沃尔多·爱默生（美国作家）

信心是一种心境，有信心的人不会在转瞬间就消沉沮丧。

——海伦·凯勒（美国作家）

自信是承受大任的第一要件。

——詹森（德国物理学家）

信心使一个人得以征服他相信可以征服的东西。

——萧伯纳（爱尔兰剧作家）

我们应该有恒心，尤其要有自信力。我们的天赋是用来做某种事情的，无论代价多么大，这种事情必须做到。

——居里夫人（法国科学家）

应当坚信，只要认真地努力向前，肯定会有好结果，应当保持心情舒畅，满怀信心，大步向前。

——稻盛和夫（日本企业家）

一个人除非自己有信心，否则不能带给别人信心；已经信服的人，方能使人信服。

——马修·阿诺德（英国诗人）

耐心和恒心总会得到报酬的。

——阿尔伯特·爱因斯坦（美国物理学家）

耐性与时间是最强的两位战士。

——列夫·尼古拉耶维奇·托尔斯泰（俄国作家）

无论任何人，若是失去了耐心，就是失去了灵魂。

——弗朗西斯·培根（英国哲学家）

人类所有的力量，只是耐心加上时间的混合。所谓强者，是既有意志，又能等待时机者。

——奥诺雷·德·巴尔扎克（法国作家）

我们用时间和耐心解决了力量和狂怒永远也解决不了的事情。

——让·德·拉·封丹（法国寓言诗人）

只要有耐心，搬不动的东西也会变轻。

——贺拉斯（古罗马诗人）

我们最大的弱点在于放弃。成功最真切的方法，是经常多试几次。

——托马斯·阿尔瓦·爱迪生（美国发明家）

我有两个忠实的助手，一个是我的耐心，另一个就是我的双手。

——米歇尔·德·蒙田（法国思想家、作家）

耐心和持久胜过激烈和狂热。

——让·德·拉·封丹（法国寓言诗人）

要有耐心！不要依靠灵感，灵感是不存在的。

——奥古斯特·罗丹（法国雕塑艺术家）

耐心是一切聪明才智的基础。

——柏拉图（古希腊哲学家）

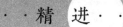

·· 精 进 ··

在坏事上的固执，在好事上则是持之以恒。

——T. 布朗（英国哲学家、心理学家）

取法于上，仅得为中；取法于中，故为其下。

——唐太宗李世民（中国唐代政治家、诗人）

如果你将目标设定得非常高，即使最后失败了，你的失败也会超越别人的成功。

——詹姆斯·卡梅隆（美国电影导演）

能力是指你能做什么，动机决定了你会做什么，态度决定了你能把它做到多好。

——雷蒙·钱德勒（美国作家）

我们永远不应该抛弃一个事业。如果它要二十、三十年，甚至一生或好几代的工夫，我们也献给它，一点也不吝惜。

——爱弥尔·左拉（法国作家）

努力把事做好与努力要击败别人是两码事。卓越与胜利是不同的概念，也是不同的体验。

——史蒂芬·柯维（美国管理学大师）

人类的使命在于自强不息地追求完美。

——列夫·尼古拉耶维奇·托尔斯泰（俄国作家）

生命精进的具体路径：在每一个岗位上实现收益最大化，费用最小化。

——稻盛和夫（日本企业家）

凡具有生命者，都不断地在超越自己。而人类，你们又做了什么？

——弗里德里希·威廉·尼采（德国哲学家）

将平凡变成非凡就是这个"持续"。不选择捷径，一步步、一天天拼命、认真、踏实地工作，积以时日，梦想变为现实，事业获得成功，这就是非凡的凡人。

——稻盛和夫（日本企业家）

请为自己的每一步小小的成功而感动，并把它当作动力，更加努力地工作。

——稻盛和夫（日本企业家）

你永远不该满足于自己的成功。你必须对成功够执着，才不会失去它。

——路易斯·郭士纳（美国IBM公司前董事长兼首席执行官）

我们该决定的是自己如何能变得更有价值，而非自己的价值有多高。

——弗朗西斯·斯科特·菲茨杰拉德（美国作家）

人的本质体现在他所不断重复的行为中。因此卓越不是一种行为，而是一种习惯。

——亚里士多德（古希腊哲学家）

人们眼中的天才之所以卓越非凡，并非天资超人一等，而是付出了持续不断的努力。

——马尔科姆·格拉德威尔（英国作家）

第七章
CHAPTER 07

小心即大胆

···风险···

世上没有一个伟大的业绩是由事事都求稳操胜券的犹豫不决者创造的。

——乔治·艾略特（英国作家）

世上哪有光有利毫无弊的好事？甚至连享乐都要冒点风险。

——威·亚历山大（苏格兰人）

比赛若无风险，兴味也就索然了。

——查普曼（英国诗人、剧作家）

征服时遇到多少风险，胜利时就有多少光彩。

——米歇尔·德·蒙田（法国思想家、作家）

冒险精神是荣誉的代名词，它既有阳刚之美，又有柔媚之艳，我们应该把它归功于浪漫。

——乔治·桑塔亚那（美国哲学家）

不敢冒险的人既无骡子又无马，过分冒险的人既丢骡子又丢马。

——弗朗索瓦·拉伯雷（法国作家）

人生是一次冒险的航行。

——帕拉达斯（希腊诗人）

干起来，要勇敢些，在冒险中增长智慧。

——贺拉斯（古罗马诗人）

毫无风险的构想根本不配称作构想。

——奥斯卡·王尔德（英国作家）

死躺在水中什么也不做是另一种舒服的选择，因为它没有风险。但这对经营企业而言却是十足的死路。

——托马斯·约翰·沃森（美国IBM公司创始人）

进入守望的那一刻，就是企业衰退的开始。为了避免这种情况发生，就必须不断向新事业进军并获取成功。

——稻盛和夫（日本企业家）

成就大事的都是冒险者，而非大帝国的统治者。

——孟德斯鸠（法国启蒙思想家）

你必须找到一件自己喜爱并能够为之冒险的事，然后翻越挡在你面前的障碍，击碎挡在你面前的砖块。如果你对自己正在做的事没有那种感觉，你会在第一个大障碍的地方就停下来。

——乔治·卢卡斯（美国导演、编剧）

··恐 惧··

恐惧离我们尚远的时候，我们感觉到它，而当它真正临近了，也就不感到那么可怕了。

　　　　　　——让·德·拉·封丹（法国寓言诗人）

恐惧不仅产生于勇气的缺乏，有时也会产生于判断力的缺乏。

　　　　　　——米歇尔·德·蒙田（法国思想家、作家）

不知道，岂非正是人们所以会恐惧的最重要的原因之一？

　　　　　　——古龙（中国作家）

恐惧心理比任何东西更有害于创造力的发挥。

　　　　　　——司汤达（法国作家）

恐惧是迷信的最早祖先，而每发生一次新的灾难，都会促使浑身颤抖的凡人祈求他们看不见的敌人息怒。

　　　　　　——爱德华·吉本（英国历史学家）

人要是惧怕痛苦，惧怕种种疾病，惧怕不测的事件，惧怕生命的危险与死亡，他就会什么也不能忍受。

——让－雅克·卢梭（法国启蒙思想家）

如果不对宇宙的本质有所揭示，就不能消除对最重要的现象的恐惧。

——伊壁鸠鲁（古希腊哲学家）

胜利所带来的最好之事，莫过于解除了胜利对失败的恐惧感。

——弗里德里希·威廉·尼采（德国哲学家）

畏惧产生谄媚，而丝毫不能产生善意。

——德谟克利特（古希腊哲学家）

在恐惧的重压下，任何强大的力量都是不能持久的。

——马尔库斯·图利乌斯·西塞罗（古罗马哲学家）

最具有毁灭性、最不可控制的恐惧就是莫名其妙的恐惧。因为，别的恐惧只是没有理由而已，而这种恐惧却是丧失了理智。

——吕齐乌斯·安涅·塞涅卡（古罗马哲学家）

想象中的恐怖远过于实际上的恐怖。

——威廉·莎士比亚（英国戏剧家、诗人）

对危险的惧怕要比危险本身可怕一万倍。

——丹尼尔·笛福（英国作家）

没有一种情感能像恐惧那样有效地使精神丧失一切行动与推理的能力。

——埃德蒙·伯克（英国作家、政治理论家）

恐惧会驱使人们走向任何一个极端；然而，一个卓越的人物所产生的恐惧却是一个难以解开的谜。

——萧伯纳（爱尔兰剧作家）

在危险之外惧怕死亡，而身临险境时却不惧怕。这就是所谓人。

——布莱士·帕斯卡（法国数学家、物理学家）

··勇 气··

真正成功的人，本质上流着叛逆的血。

——维克多·雨果（法国作家）

动手去做你最害怕的事情，恐惧就会消失。

——马克·吐温（美国作家）

勇者眼中，危险就像阳光一样闪耀。

——欧里庇得斯（古希腊悲剧作家）

勇气是人类最重要的一种特质，倘若有了勇气，人类其他的特质自然也就具备了。

——温斯顿·丘吉尔（英国政治家）

勇者并不是没有畏惧心理，说没有畏惧心理，是愚蠢而荒谬的。所谓勇敢，只不过是勇者以其高尚的灵魂克服了他自己的畏惧心理，勇敢地正视本能所惧的危险。

——乔·贝利（英国作家）

一个人若是还能挣扎，还能奋斗，还能抵抗，无论遇着什么事都不可怕。但若只能坐在那里等着，那就太可怕了。只有在这种时候，才能看得出一个人的勇气。

——古龙（中国作家）

衡量一个人，应以他在不幸之下保持勇气、信心的方式为准。

——普鲁塔克（古罗马传记作家）

大量的才能失落在尘世间，只因为缺少一点儿勇气。

——西德尼·史密斯（英国史学家）

死亡观念使庸俗的头脑感到沮丧，却给天才以格外的勇气。

——史达尔夫人（法国作家）

有勇气承担命运，这才是英雄好汉。

——赫尔曼·黑塞（德国作家）

勇气减轻了命运的打击。

——德谟克利特（古希腊哲学家）

在希望与失望的决斗中，如果你用勇气与坚决的双手紧握着，胜利必属于希望。

——普里尼（古罗马作家）

坚持对于勇气，正如轮子对于杠杆，那是支点的永恒更新。

——维克多·雨果（法国作家）

没有理想，就达不到目的；没有勇气，就得不到东西。

——维萨里昂·格里戈里耶维奇·别林斯基

（俄国文学批评家）

第八章
CHAPTER 08

创造你的幸运

··命 运··

将一个幸运的人丢进尼罗河里，他出来的时候口中还会叼着一条鱼。

——埃及谚语

有些人是生而伟大，有些人是努力而变得伟大，另有一些人的伟大是天降奇运。

——威廉·莎士比亚（英国戏剧家、诗人）

命运支配我们行为的一半，而把另一半留给我们自己。

——马基雅弗利（意大利思想家）

命运是一个乔装打扮的人物。没有比这张脸更会欺骗人的了。

——维克多·雨果（法国作家）

命运引导我们而又嘲笑我们。

——伏尔泰（法国思想家）

向命运大声叫骂又有什么用？命运是个聋子。

——欧里庇得斯（古希腊悲剧作家）

命运压不垮一个人，只会使人坚强起来。

——海因里希·伯尔（德国作家）

在命运的颠沛中，最容易看出一个人的气节。

——威廉·莎士比亚（英国戏剧家、诗人）

人们有时可以支配自己的命运，若我们受制于人，那错处不在我们的命运，而在我们自己。

——威廉·莎士比亚（英国戏剧家、诗人）

命运并不存在于一小时的决定中，而是建筑在长时间的努力、考验和默默无闻的工作基础上。

——罗曼·罗兰（法国作家）

命运并非机遇，而是一种选择；我们不该期待命运的安排，必须凭自己的努力创造命运。

——威廉·布莱克（英国诗人）

命运也往往是由人自己造成的。正如古诗人所说："每个人都是自身的设计师。"

——弗朗西斯·培根（英国哲学家）

命运是一件很不可思议的东西。虽人各有志，但往往在实现理想时，会遭遇到许多困难，反而会使自己走向与志趣相反的路而一举成功。

——松下幸之助（日本实业家）

正像一个年轻的老婆不愿意搂抱那年老的丈夫一样，幸运女神也不搂抱那迟疑不决、懒惰、相信命运的懦夫。

——拉宾德拉纳特·泰戈尔（印度诗人）

凡是追逐不靠自身而依赖于外界才能获得幸福的人，命运总是和他作对的。

——安德烈·莫鲁瓦（法国作家）

命运不是一只雄鹰，它像耗子那样爬行。

——伊丽莎白·鲍恩（英国作家）

谁不坐等机遇的馈赠，谁便征服了命运。

——马修·阿诺德（英国诗人）

唯一的命运是不要想得太复杂，生存是义务，哪怕只有一刹那。

——约翰·沃尔夫冈·冯·歌德（德国思想家、作家）

舆论跟我们的私见相较起来，它只是一个脆弱的暴君。因为一个人自己所想的，才是决定他的命运的东西。

——亨利·戴维·梭罗（美国作家）

愿意的人，由命运领着走；不愿意的人，被命运拖着走。

——吕齐乌斯·安涅·塞涅卡（古罗马哲学家）

人的命运就操纵在人的手里。

——让－保罗·萨特（法国作家）

智慧和命运交锋时，如果智慧有敢为、有胆识，命运就没有机会动摇它。

——威廉·莎士比亚（英国戏剧家、诗人）

弱者坐待时机，强者制造时机。

——居里夫人（法国科学家）

我要扼住命运的咽喉，绝不让命运所压倒。

——路德维希·凡·贝多芬（德国作曲家）

从最高地位上跌下来，那变化是可悲的；但命运的转机却能使穷困的人欢笑。

——威廉·莎士比亚（英国戏剧家、诗人）

悔恨在我们走好运时睡去了，但在我们身处逆境时，我们却更强烈地感觉到它。

——让－雅克·卢梭（法国启蒙思想家）

命运对生者具有至高无上的权力，但对知道如何去死的人却无能为力。

——吕齐乌斯·安涅·塞涅卡（古罗马哲学家）

有时一个人受到厄运的可怕打击，不管这厄运是来自公众或者个人，倒可能是件好事。

——约翰·沃尔夫冈·冯·歌德（德国思想家、作家）

··机 遇··

悲观者看到机会中的困难，乐观者看到困难中的机会。

——温斯顿·丘吉尔（英国政治家）

我们会不断碰到一些很棒的机会，只是它们会出色地伪装成无法解决的问题。

——李·艾柯卡（美国企业家）

我总会试着把每次灾难转变为机会。

——老约翰·洛克菲勒（美国慈善家、资本家）

机会出现时掌握它的人，十个有九个会成功；但自己创造机会的人，除非有什么意外，不然必定成功。

——戴尔·卡耐基（美国人际关系学大师）

不自助者，机会不助之。

——索福克勒斯（古希腊悲剧作家）

机会是一切努力之中最杰出的船长。

——索福克勒斯（古希腊悲剧作家）

运气也不是从天上掉下来的。一个人若是每次都能将机会把握住，他的运气一定永远都很好。

——古龙（中国作家）

一个连续犯了两次错误的人，如果还想祈求第三次机会，那已不仅是奢望，而且是愚蠢。奇怪的是，大多数人都是这样子的。

——古龙（中国作家）

机会是极难得的，但他具备三大成功的条件，那就是：像鹿一般会跑的腿，逛马路的闲工夫，和犹太人那样的耐性。

——奥诺雷·德·巴尔扎克（法国作家）

机会似乎是很诱人的，事实上有很多遥不可及和美好的事物都是骗人的幌子。最好的机会，就在你的身旁。

——约翰·巴勒斯（美国作家）

成千上万的小事落在我们的手心里，各式各样的小机会每天发生，它都留给我们自由运用和滥用，而它依旧默默走它的路，一无改变。

——海伦·凯勒（美国作家）

在任何人面前多少总是有机会的，问题在于是你去抓住它，还是不去抓住它，这就是人生的十字路口。

——德田虎雄（日本学者）

当心啊，年轻的舵手，别让你的缆绳松了，别让你的船锚动摇，不要在你没有发觉以前，船就漂走了。

——让－雅克·卢梭（法国启蒙思想家）

当危险逼近时，善于抓住时机迎头打击它要比犹豫躲闪它更有利。

——弗朗西斯·培根（英国哲学家）

大凡那些躲在大家意料不到的角落里的人们，纵使会错过若干显著的机会，也还能有些奇特的机遇使他们最终被大家发现出来。

——托马斯·哈代（英国诗人）

古谚说得好，机会老人先给你送上它的头发，当你没有抓住再后悔时，却只能摸到它的秃头了。

——弗朗西斯·培根（英国哲学家）

生命很快就过去了，一个时机从不会出现两次，必须当机立断，不然就永远别要。

——罗曼·罗兰（法国作家）

发现的历史表明，机遇起着重要的作用，但另一方面，即使在那些因机遇而成功的发现中，机遇也仅仅起到一部分的作用。

——威廉·贝弗里奇（英国经济学家）

不管你知道多少金玉良言，不管你具备多好的条件，在机会降临时，你若不具体地运用，就不会有进步。

——威廉·詹姆斯（美国哲学家）

我们多数人的毛病是，当机会朝我们冲奔而来时，我们兀自闭着眼睛。很少人能够去追寻自己的机会，甚至在绊倒时，还不能见着它。

——戴尔·卡耐基（美国人际关系学大师）

利用良机对庸才来说从来都是一个秘密，而这正是比一般水平高出一等之人的主要力量所在。

——拿破仑·波拿巴（法国政治家）

··转 运··

当你在等待运气时就知道怎样去支配它，是一种重要的技巧。

——格拉西安（西班牙哲学家）

命运是只胆小的狗；勇敢的人一反抗它，它就马上逃跑……所以你不必怕。

——裴多菲（匈牙利诗人）

我以为"运气"跟"行为"完全相反，因为我认为，没有寻求而碰上所需要的东西，这是"好运气"；但是由于学习和钻研而成功地有所获，这却是"好行为"；那些把"好行为"当作自己追求对象的人，我以为他们是做得好的。

——苏格拉底（古希腊哲学家）

智者是自己命运的创造者。谁想改变命运，就得勤奋工作，否则将一事无成。

——普劳图斯（古罗马喜剧作家）

命运害怕勇敢的人，而专去欺负胆小鬼。

　　　　　——吕齐乌斯·安涅·塞涅卡（古罗马哲学家）

征服命运的常常是那些不甘等待机运恩赐的人。

　　　　　　　　——马修·阿诺德（英国诗人）

只要抓住时机，人生就会有时来运转之日。

　　　　　　　——博蒙特与弗莱彻（英国剧作家）

我们所要做的事，应该一想到就做；因为人的想法是会变化的。有多少舌头、多少手、多少意外，就会有多少犹豫、多少迟延。

　　　　　——威廉·莎士比亚（英国戏剧家、诗人）

要是不能把握时机，就要终身蹭蹬，一事无成。

　　　　——威廉·莎士比亚（英国戏剧家、诗人）

让我们迎头抓住眼前的片刻吧。

　　　　——威廉·莎士比亚（英国戏剧家、诗人）

··乐 观··

笑，就是阳光，它能消除人们脸上的冬色。

——维克多·雨果（法国作家）

无论如何，笑总是一件好事。如果一根稻草能逗人发笑，它就成了一种制造幸福的仪器。

——约翰·德莱顿（英国诗人、剧作家、文学批评家）

充满着欢乐与战斗精神的人们，永远带着欢乐，欢迎雷霆与阳光。

——托马斯·亨利·赫胥黎（英国博物学家）

只要你能把假看作真，那么真心诚意的笑将跟随而来，几乎可以起到和真笑相同的效果。

——安尼特·古德哈特（美国作家）

笑是愉快、滑稽和诙谐的代名词。

——让·诺安（法国学者）

恰恰犹如医生检查身体所有其他方面的状况一样，笑也成为衡量身体健康的一种正确有效的指示器。

——雷蒙德·穆迪（英国作家）

真正的笑，就是对生活的乐观，对工作的快乐，对事业的兴奋。

——阿尔伯特·爱因斯坦（美国物理学家）

心里最好常常保持快乐，这样就能防止有病，延长寿命。

——威廉·莎士比亚（英国戏剧家、诗人）

只有乐观与希望，才能有助于我们生命的滋长，能够鞭策我们的奋斗意志，生出无比的力量。

——伊曼努尔·康德（德国哲学家）

乐观是一首激昂优美的进行曲，时时鼓舞着你对事业的进取精神。

——大仲马（法国作家）

人活着总是有趣的，即便是烦恼也是有趣的。

——亨利·路易斯·门肯（美国作家）

心情愉快是肉体和精神的最佳卫生法。

——乔治·桑（法国作家）

保持一生健壮的真正方法是延长青春的心。

——柯林斯（英国自然神论者）

总是乐呵呵的人最能说明他聪明。

——米歇尔·德·蒙田（法国思想家、作家）

面对那些击倒普通人的困难，成功者会开开心心地故意用身体去冲撞。

——松下幸之助（日本实业家）

人是很奇怪的，一旦被逼入进退维谷的境地，反倒想开了，轻松了。改变自己心态的瞬间，人生就出现了转机。

——稻盛和夫（日本企业家）

精力充沛和它带来的饱满情绪，既然在幸福中比任何其他事情都占据重要的地位，那么教人保持良好健康和饱满情绪就比什么都重要。

——埃德蒙·斯宾塞（英国诗人）

愉快可以使你对生命的每一跳动，对于生活的每一印象易于感受，不论躯体和精神上的愉快都是如此，可以使身体发展、身体健康。

——伊万·彼得罗维奇·巴甫洛夫（俄国生理学家）

第九章

CHAPTER 09

知行合一

· · 知　识 · ·

在知识经济的新时代，知识就是财富，就是潜在的生产力。

——乔治·索罗斯（美国投资家）

知识是解除恐惧的良药。

——拉尔夫·沃尔多·爱默生（美国作家）

知识能改变命运。

——拉尔夫·沃尔多·爱默生（美国作家）

知识像烛光，能照亮一个人，也能照亮无数的人。

——拉尔夫·沃尔多·爱默生（美国作家）

知道如何活用知识最重要，知道知识的来龙去脉次之，拥有知识再次之。

——霍夫曼斯塔尔（奥地利作家、诗人）

知识不是某种完备无缺、纯净无瑕、僵死不变的东西，它永远在创新，永远在前进。

——普略施尼科夫（俄国作家）

我的知识和成功，全是靠勤奋学习取得的。

——约翰·卡尔·弗里德里希·高斯（德国数学家）

如果说少许知识是危险的，那么知识多得足以远离危险的人又在哪里呢？

——托马斯·亨利·赫胥黎（英国博物学家）

好人的天生欲望是知识。

——列奥纳多·达·芬奇（意大利画家）

具有丰富知识和经验的人，比只有一种知识和经验的人更容易产生新的联想和独到的见解。

——泰勒（英国数学家）

真正的知识是道德。

——苏格拉底（古希腊哲学家）

虽然在历史的前台喧嚷的是政治和工业，可是历史总在证明：知识是主要的力量，政治、工业以及人类生活中的其他一切都服从于这一力量。

——尼古拉·加夫里诺维奇·车尔尼雪夫斯基

（俄国文学评论家）

知识，只有知识，才能使人成为自由的人和伟大的人。

——德米特里·伊万诺维奇·皮萨列夫

（俄国文艺评论家）

知识的根是苦的，它的果实是甜的。

——萨迪（波斯诗人）

知识贫乏最能让人生出许多怀疑。

——弗朗西斯·培根（英国哲学家）

学问是苦根上长出来的甜果。

——马尔库斯·波尔齐乌斯·卡托（古罗马政论家）

若是一个人对于某一种技艺没有知识，他对于那种技艺的语言和作为，就不能做正确的判断了。

——柏拉图（古希腊哲学家）

知识贵在质，不在量。

——威廉·莎士比亚（英国戏剧家、诗人）

对待知识就要像对待粮食一样，我们活着不是为了知识，正如活着不是为了吃饭一样。

——约翰·罗斯金（英国政论家）

只有那些精神愉快的人，知识才像荷花花瓣似的舒展开来。

——西奥多·德莱塞（美国作家）

有学问和有知识的人是不同的。记忆造成了前者，哲学造成了后者。

——大仲马（法国作家）

真正有知识的人谦虚、谨慎，只有无知的人才冒昧、武断。

——格兰维尔（法国作家）

知识是使人类快乐的主要因素之一。

——伯特兰·阿瑟·威廉·罗素（英国哲学家）

身体的财富是健康，思想的财富是知识。

——康斯坦丁·德米特里耶维奇·乌申斯基

（俄国教育家）

知识有两大类：一类是我们自己掌握的，另一类是我们知道哪里能找到有关资料。

——塞缪尔·约翰逊（英国作家）

·· 求 知 ··

疑而能问，已得知识之半。

——弗朗西斯·培根（英国哲学家）

生活的全部意义在于无穷地探索尚未知道的东西，在于不断地增加更多的知识。

——爱弥尔·左拉（法国作家）

人不能像走兽那样活着，应该追求知识和美德。

——但丁·阿利吉耶里（意大利诗人）

在这科学日益发展的时代里，如果我们及我们的子孙不加速求知，怎能赶上时代的剧变呢？

——库特·阿尔德（德国化学家）

对知识的渴求是人类的自然意向，任何头脑健全的人都为获取知识而不惜一切。

——塞缪尔·约翰逊（英国作家）

毕生保持求知欲，就一定能在自己的重大使命上成就一件事。

——池田大作（日本社会活动家）

在争取幸福的问题上，求知欲比追求财富的欲望是更加可取的。

——大卫·休谟（英国哲学家）

求知的目的不是为了吹嘘炫耀，而应该是为了寻找真理，启迪智慧。

——弗朗西斯·培根（英国哲学家）

无所学，则无所知。

——J·豪厄尔（英国作家）

学到很多东西的诀窍，就是一下子不要学很多东西。

——约翰·洛克（英国哲学家）

单单把主观的东西同客观的东西拼凑在一起，决不能确定真正的知识。

——弗里德里希·威廉·约瑟夫·谢林（德国哲学家）

趁年轻少壮去探求知识吧，它将弥补由于年老而带来的亏损。

——列奥纳多·达·芬奇（意大利画家）

精神上的各种缺陷，都可以通过求知来改善——正如身体上的缺陷，可以通过适当的运动来改善一样。

——弗朗西斯·培根（英国哲学家）

求知是一条只有起点而没有终点的路。

——米歇尔·福柯（法国哲学家）

求知是人类的本性。

——亚里士多德（古希腊哲学家）

勇于求知的人决不至于空闲无事。

——孟德斯鸠（法国启蒙思想家）

倾囊求知，无人能夺。投资知识，得益最多。

——本杰明·富兰克林（美国政治家、科学家）

··实　践··

事业是理论和实践的生动统一。

——亚里士多德（古希腊哲学家）

工作以开头最为重要。

——柏拉图（古希腊哲学家）

天赋，是一种把脑中所想付诸实践的能力。

——弗朗西斯·斯科特·基·菲茨杰拉德（美国作家）

一个人怎样才能认识自己呢？绝不是通过思考，而是通过实践。尽力去履行你的职责，那你就会立刻知道你的价值。

——约翰·沃尔夫冈·冯·歌德（德国思想家、作家）

旅人没有常识，如同飞鸟没有羽翼；理论家没有实践，如同树木没有果实。

——萨迪（波斯诗人）

在一个小房间里，如果坐着不动，就意识不到墙。有所动作，碰壁了，才意识到墙。

——士光敏夫（日本学者）

一步实际行动比一打纲领更重要。

——卡尔·海因里希·马克思（德国思想家）

行动是他的论证中的珍珠和红宝石。苦役、灾祸、焦虑、贫困是培养他的雄辩与智慧的严师。

——拉尔夫·沃尔多·爱默生（美国作家）

一克的经验抵得上一吨的理论。

——R.G. 塞西尔（英国哲学家）

生活中最有用的东西是自己的经验。

——沃尔特·司各特（英国作家）

经验才是真正的教师。

——列奥纳多·达·芬奇（意大利画家）

求知可以改进人性，而经验又可以改进知识本身。……学问虽然指引方向，但往往流于浅泛，必须依靠经验才能扎下根基。

——弗朗西斯·培根（英国哲学家）

除了经验方法之外，没有任何一种方法可以达到真正的知识；经验之外或经验之上的思想领域是不存在的。

——弗朗西斯·培根（英国哲学家）

没有一个人的知识能胜过经验。

——约翰·洛克（英国哲学家）

经验是学费最贵的学校，但它是唯一可以学到东西的学校。

——本杰明·富兰克林（美国政治家、科学家）

生活，这是一切书籍中第一本重要的书。一个有经验的人比一个有学问的人看问题更正确。

——大仲马（法国作家）

心灵用于构思，判断用于指导，双手用于实践。

——朱尼厄斯（英国作家）

世界属于那些和世界一起思索、一起行动，并且触摸到它的脉搏的人。

——威廉·拉尔夫·英奇（英国作家）

为什么我们要被"行动"这个名字所吓倒？……丰富的思想蕴藏在阳光里，产生在睡梦中；丰富的思想就是大自然。思考就是行动。

——拉尔夫·沃尔多·爱默生（美国作家）

有些行动是没有外在形式的。

——珀西·比希·雪莱（英国诗人）

优柔寡断者，行必寡。

——约翰·克利斯托夫·弗里德里希·冯·席勒

（德国剧作家、诗人）

那些最懂得实践的人，可能最会做梦。

——斯蒂芬·里柯克（加拿大作家）

灵感的确存在，但是它必须在我们行动时才会出现。

——巴勃罗·毕加索（西班牙画家）

行动是通往知识的唯一道路。

——萧伯纳（爱尔兰剧作家）

第十章
CHAPTER 10
增强自己的"反脆弱"能力

··逆　境··

顺境也好，逆境也好，人生就是一场对种种困难无尽无休的斗争，一场以寡敌众的战斗。

——拉宾德拉纳特·泰戈尔（印度诗人）

顺境的美德是节制，逆境的美德是坚韧，这后一种是较为伟大的德性。

——弗朗西斯·培根（英国哲学家）

顺境中的好运，为人们所希冀；逆境中的好运，则为人们所惊奇。

——弗朗西斯·培根（英国哲学家）

自古以来的伟人，大多是抱着不屈不挠的精神，从逆境中挣扎奋斗过来的。

——松下幸之助（日本实业家）

人要学会走路，也要学会摔跤，而且只有经过摔跤，他才能学会走路。

——卡尔·海因里希·马克思（德国思想家）

大祸过后，必有大福。

——约翰·沃尔夫冈·冯·歌德（德国思想家、作家）

人在逆境里比在顺境里更能坚强不屈，遭厄运时比交好运时更容易保全身心。

——维克多·雨果（法国作家）

不因幸运而故步自封，不因厄运而一蹶不振。真正的强者，善于从顺境中找到阴影，从逆境中找到光亮，时时校准自己前进的目标。

——易卜生（挪威戏剧家）

··疾 病··

　　疾病是加在悲惨的人生上的赋税，有的人纳税多一些，有的人纳税少一些，但每个人都要纳税。

　　　　　　　　　　——菲利普·道摩·斯坦霍普（英国作家）

　　脑袋有了病痛，身体各部都有病痛。

　　　　　　　　　　——塞万提斯·萨维德拉（西班牙作家）

　　病人比正常人更接近自己的灵魂。

　　　　　　　　　　——马赛尔·普鲁斯特（法国作家）

　　疾病一发现我们露出弱点，立刻乘虚而入。

　　　　　　　　——查尔斯·罗伯特·达尔文（英国生物学家）

　　一个人情绪低落，疾病就会控制他的躯体。

　　　　　　　　　——奥诺雷·德·巴尔扎克（法国作家）

　　人们能隐藏心灵的病痛，但侵袭肉体毁坏官能的疾患却是掩盖不住的。

　　　　　　　　　　——夏洛蒂·勃朗特（英国作家）

大夫不能治病，只能帮助有理性的人避免得病而已。人们倘若正规地生活、正当地饮食，就不会有病。

——萧伯纳（爱尔兰剧作家）

心灵上的疾病比肌体上的疾病更危险、更经常。

——马尔库斯·图利乌斯·西塞罗（古罗马哲学家）

对病人来讲，一位能干的医生要比最忠实的朋友更为有用。

——伯特兰·阿瑟·威廉·罗素（英国哲学家）

疾病不仅在于身体的故障，还往往在于心的故障。

——托马斯·阿尔瓦·爱迪生（美国发明家）

疾病何等强烈地扩大了一个人的自我的范围。

——查尔斯·兰姆（英国作家）

· · 潜 能 · ·

人类需要的是困扰，必须把他逼到无路可走才能让他发挥出真正的力量。

——本田宗一郎（日本企业家）

有骨气的人会认为困难有特别的魅力，因为面对困难你才能发挥自己的潜力。

——夏尔·安德烈·约瑟夫·马里·戴高乐

（法国政治家）

能生存的既非最强壮的物种，亦非最聪明的物种，而是最能适应变化的物种。

——查尔斯·罗伯特·达尔文（英国生物学家）

不会从失败中找寻教训的人，他们的成功之路是遥远的。

——拿破仑·波拿巴（法国政治家）

上天给人一份困难时，同时也给人一份智慧。

——维克多·雨果（法国作家）

被克服的困难就是胜利的契机。

——贺拉斯（古罗马诗人）

我总设法把每桩不幸化为一次机会。

——约翰·洛克菲勒（美国石油巨子）

一个人绝对不可在遇到危险的威胁时，背过身去逃避。若是这样做，只会使危险加倍。但是如果立即面对它毫不退缩，危险便会减半。

——温斯顿·丘吉尔（英国政治家）

患难可以试验一个人的品格，非常的境遇方能显出非常的气节。

——威廉·莎士比亚（英国戏剧家、诗人）

通向人类真正的伟大境界的道路只有一条——苦难的道路。

——阿尔伯特·爱因斯坦（美国物理学家）

·· 重 启 ··

尼采有句名言:"杀不死我的,只会让我更坚强……"但它也可能意味着"杀不死我的,并未使我变得更坚强,但它让我幸存下来,因为我比别人更强壮;由于它杀死了别人,也就是消灭了弱者,我们种群的当前平均素质变强了"。

——纳西姆·尼古拉斯·塔勒布(美国学者)

成功就是在你跌至谷底时反弹的高度。

——小乔治·史密斯·巴顿(美国将领)

如果我们被打败了,我们就只有再从头干起。

——弗里德里希·恩格斯(德国思想家)

失败是再次开始的机会,只是这次会更聪明些。

——亨利·福特(美国企业家)

风会熄灭蜡烛，却能使火越烧越旺。对随机性、不确定性和混沌也是一样：你要利用它们，而不是躲避它们。你要成为火，渴望得到风的吹拂。

——纳西姆·尼古拉斯·塔勒布（美国学者）

一个人可以被毁灭，但不能被打败。

——欧内斯特·米勒尔·海明威（美国作家）

被对手摆平的人还能再起，投降而躺平的人永远爬不起来。

——托马斯·约翰·沃森（美国 IBM 公司创始人）

年轻是致富的最佳时期，也是贫困的最佳时期。

——欧里庇得斯（古希腊悲剧作家）

人生中的困难和挫折，正是我人生的起点，或许也正是我最大的"幸运"。

——稻盛和夫（日本企业家）

冬天越是寒冷，樱花就越开得烂漫。人也是一样，不体验痛苦和烦恼，就很难有大的发展，就不会抓住真正的幸福。

——稻盛和夫（日本企业家）

我从不相信失败。如果能享受过程，就没什么失败可言。

——奥普拉·温弗瑞（美国脱口秀节目主持人）

苦难不会没完没了，当然幸运也不会永远持续。得意时不忘形，失意时不消沉，这比什么都重要。

——稻盛和夫（日本企业家）

生活总是让我们遍体鳞伤，但到后来，那些受伤的地方一定会变成我们最强壮的地方。

——欧内斯特·米勒尔·海明威（美国作家）

第十一章

CHAPTER 11

视人生为一场修行

· · 笃 行 · ·

仅仅知道是不够的，还得去应用；仅有意愿是不够的，还得采取行动。

——约翰·沃尔夫冈·冯·歌德（德国思想家、作家）

天分有时比桌上的盐巴还不值钱。有天分的人与成功者之间的差别，就在于有没有足够的努力。

——斯蒂芬·埃德温·金（美国作家）

没有行动，思想决不能成熟为真理。

——拉尔夫·沃尔多·爱默生（美国作家）

行动吧，因为只有在行动中才能说明你是什么。

　　　　　　　——让－保罗·萨特（法国哲学家）

取得成功应靠自己的行动，而不是靠他人的恩宠。

　　　　　　　——普劳图斯（古罗马喜剧作家）

爱读书的人办起事来总是得心应手；只要他想干什么，他就会有作出决断的智慧和付诸行动的力量。

　　　　　　　——威廉·葛德文（英国作家）

行动不受感情支配的人才会成为真正的伟人。

　　　　——本杰明·迪斯雷利（英国政治家、小说家）

行动明智与否，要靠结果来验证。

　　　　　　　　　——奥维德（古罗马诗人）

只有行动才会使我们发现自己天天都在进步。

　　　——亨利·沃兹沃斯·朗费罗（美国诗人）

没有什么能比将思想与财富的车轮联成一轴，并使之滚滚向前的行动更称得上是精明的行动了。

　　　　　　　——弗朗西斯·培根（英国哲学家）

经验是思想的结果；思想是行动的结果。

　　　　——本杰明·迪斯雷利（英国政治家、小说家）

凡是上了年纪的人都反对得太多，商议得太久，行动得太少，后悔得太早。

——弗朗西斯·培根（英国哲学家）

使我们高贵的不是门第而是美德；有伟大的思想才能有伟大的行动。

——约翰·古尔德·弗莱彻（美国诗人）

我们不能寄望大海会自己平静下来。我们必须学会在狂风中行船。

——亚里士多德·苏格拉底·奥纳西斯（希腊海运业大亨）

应该做的，就决心去做；决心去做的，就务必做到。

——本杰明·富兰克林（美国政治家、科学家）

事业并不错，错的只是它的低劣的实行者。

——伊凡·谢尔盖耶维奇·屠格涅夫（俄国作家）

··习　惯··

习惯——这是德行的秘密。

——路德维希·安德列斯·费尔巴哈（德国哲学家）

习惯把最敏感的人都锻炼得坚强起来，起初最讨厌的事情，他们后来也就满不在乎了。

——马克·吐温（美国作家）

习惯的力量比理智更加有恒，更加简便。

——约翰·洛克（英国哲学家）

习惯和本性一般说来是相互矛盾的。

——柏拉图（古希腊哲学家）

习惯的锁链隐而不易觉察，直到有一天牢不可破时，人们才会发觉其存在。

——塞缪尔·约翰逊（英国作家）

习惯是一根大粗绳，我们每天都在捻着它，就是无法破坏它。

——贺拉斯（古罗马诗人）

习惯是人类生活最有力的向导。

——大卫·休谟（英国哲学家）

习惯，重于寒霜，根深蒂固如生命，罩在你身上，压得你喘不过气来。

——威廉·华兹华斯（英国诗人）

习惯是社会的巨大飞轮和最可贵的维护者。

——亨利·詹姆斯（美国作家）

习惯总是乘人不备，向你袭来。

——本杰明·富兰克林（美国政治家、科学家）

习惯是很难打破的，谁也不能把它从窗户里抛出去，只能一步一步地哄着它从楼梯上走下来。

——马克·吐温（美国作家）

习惯可以是一个使人失去羞耻的魔鬼，也可以做一个天使，对于勉力为善的人，它会用潜移默化的手段，使他弃恶从善。

——威廉·莎士比亚（英国戏剧家、诗人）

恶习变成人人的笑柄，是对恶习重大的致命打击。

——莫里哀（法国剧作家）

谁如果养成一种坏习惯，除非到死，永远难改。

——萨迪（波斯诗人）

强而有力者莫过于习惯。

——奥维德（古罗马诗人）

习惯真是一种顽强而巨大的力量，它可以主宰人生。因此，人自幼就应该通过完美的教育，去建立一种好的习惯。

——弗朗西斯·培根（英国哲学家）

习惯就是信念转为习性和思想转变为行动的过程。

——康斯坦丁·德米特里耶维奇·乌申斯基

（俄国教育家）

世界上没有比习惯更专制的了。

——爱弥尔·左拉（法国作家）

好的习惯愈多生活愈容易，抵抗引诱的力量也愈强。

——亨利·詹姆斯（美国作家）

一切天性与诺言都不如习惯更有力。

——弗朗西斯·培根（英国哲学家）

在儿童时期没有养成思想的习惯，将使他从此以后一生都没有思想的能力。

——让－雅克·卢梭（法国启蒙思想家）

人的生活方式如果仍延续一系列的旧习惯，那么，他就会成为生活的奴隶。

——穆尼尔·纳素夫（科威特作家）

人往往服从于习惯，而不管是否合理与正确。

——布莱士·帕斯卡（法国数学家、物理学家）

人的思考取决于动机，语言取决于学问和知识，而他们的行动，则多半取决于习惯。

——弗朗西斯·培根（英国哲学家）

习性可能会贬损最辉煌杰出的天才。

——路德维希·凡·贝多芬（德国作曲家）

习惯一旦培养成功之后，便用不着借助记忆，很容易地很自然地就能发生作用了。

——约翰·洛克（英国哲学家）

习惯也和快感一样，会麻痹甚至窒息着恶感。

——朱利安·奥弗鲁瓦·德·拉美特利（法国哲学家）

习惯正一天天地把我们的生命变成某种定型的化石，我们的心灵正在失去自由，成为平静而没有激情的时间之流的奴隶。

——列夫·尼古拉耶维奇·托尔斯泰（俄国作家）

一个人尽可以诅咒、发誓、夸口、保证——到头来都还是难以改变一种习惯。

——弗朗西斯·培根（英国哲学家）

一个人假如不从睡在摇篮里的时候开始养成人生的清洁的习惯，那会是相当危险的。

——扬·阿姆斯·夸美纽斯（捷克教育家）

一个最高尚的人也可以因习惯而变得愚昧无知和粗野无礼，甚至粗野到惨无人道的程度。

——费奥多尔·米哈伊洛维奇·陀思妥耶夫斯基

（俄国作家）

一种集体的习惯，其力量更大于个人的习惯。因此如果有一个良好道德风气的社会环境，是最有利于培养好的社会公民的。

——弗朗西斯·培根（英国哲学家）

··修 炼··

人生是战斗，也是过客暂时投靠的旅舍。

——马可·奥勒留（古罗马政治家）

人的心灵是不会随着肉体而完全消灭的，总有一部分留下来永生不灭。

——巴鲁赫·德·斯宾诺莎（荷兰哲学家）

我相信人的灵魂是不朽的。如果这个信念有错，我乐于将错就错；我不希望让这给我欣慰的信念被人剥夺。

——马尔库斯·图利乌斯·西塞罗（古罗马哲学家）

当有人问"人为什么来到这个世上"时，我毫不犹豫地、毫不夸耀地回答"是为了比出生时有一点点的进步，或者说是为了带着更美一点、更崇高一点的灵魂死去"。

——稻盛和夫（日本企业家）

所谓今生，是一个为了提高身心修养而得到的期限，是为了修炼灵魂而得到的场所。人类活着的意义和人生价值就是提高身心修养，磨炼灵魂。

——稻盛和夫（日本企业家）

　　愚直地、认真地、专业地、诚实地投身于自己的工作，长此以往，人就能很自然地抑制自身的欲望。此外，热衷于工作，还能镇住愤怒之心，也会无暇发牢骚，而且日复一日努力工作，还能一点一点提升自己的人格。

——稻盛和夫（日本企业家）

　　我始终相信，开始在内心生活得更严肃的人，也会在外表上开始生活得更朴素。在一个奢华浪费的年代，我希望能向世界表明，人类真正需要的东西是非常之微少的。

——欧内斯特·米勒尔·海明威（美国作家）

　　正如母亲怀胎十月不是为了胎胞，而是为生命的出现做准备一样，我们整个一生都是在准备另一次降生。……所以，向前看，不要惧怕那预定的时刻——这是身躯而不是灵魂的末日。……你担心一切都将消失的那天，将是你走向永恒的生辰。

——吕齐乌斯·安涅·塞涅卡（古罗马哲学家）

人的灵魂表现在他的事业上。

——易卜生（挪威戏剧家）

不论你多么富有，多么有权势，当生命结束之时，所有的一切都只能留在世界上，唯有灵魂跟着你走下一段旅程。人生不是一场物质的盛宴，而是一次灵魂的修炼，使它在谢幕之时比开幕之初更为高尚。

——稻盛和夫（日本企业家）

世界上的大人物通常不是大学者，而大学者通常也不是大人物。

——奥利弗·温德尔·霍姆斯（美国法学家）

常人因肉体的贪欲压倒精神而不可救药，学者则因精神的贪欲压倒肉体而不可救药。

——利希滕贝格（德国思想家、作家）

灵魂播下的种子是决不会霉烂的。

——约翰·西蒙兹（英国诗人）

劳动的意义不仅在于追求业绩，更在于完善人的心灵。

——稻盛和夫（日本企业家）

第十二章
CHAPTER 12

精神愈用则愈出

· · 意 志 · ·

衰弱之躯造就薄弱意志。

——让－雅克·卢梭（法国启蒙思想家）

我们的身体就像一座园圃，我们的意志是这园圃里的园丁……让它荒废不治也好，把它辛勤耕植也好，那权力都在于我们的意志。

——威廉·莎士比亚（英国戏剧家、诗人）

意志是无限的，但实行起来却往往有许多不可能；欲望是无穷的，然行为亦必须受制于种种束缚。

——威廉·莎士比亚（英国戏剧家、诗人）

无所事事只是薄弱意志的避难所。

——菲力普·道摩·斯坦霍普（英国作家）

温柔的人也会有铁一样的意志。

——欧文·斯通（美国作家）

要意志坚强，要勤，要探索，要发现，并且永远不屈服。

——托马斯·亨利·赫胥黎（英国博物学家）

意志是一个由比闪电还敏捷的各种液体组成的看不见的兵团，使它的部下随时供它驱使。

——拉梅特里（法国哲学家）

意志与智慧二者是一个相同的东西。

——巴鲁赫·德·斯宾诺莎（荷兰哲学家）

要有坚强的意志、卓越的能力以及坚持要达到目标的恒心，此外都是细节。

——约翰·沃尔夫冈·冯·歌德（德国思想家、作家）

人的意志和劳动将创造奇迹般的奇迹。

——尼古拉·阿列克塞耶维奇·涅克拉索夫

（俄国作家）

"意志"保护"愿望"，使"愿望"能够继续"愿望"下去而不冒巨大的危险。

——罗洛·梅（美国心理学家）

　　凡是天性刚强的人，必定有自强不息的力量。

——罗曼·罗兰（法国作家）

　　如果缺乏努力和意志，如果不肯牺牲和劳动，你自己就会一事无成。

——赫尔岑（俄国哲学家）

　　力量并非是体力的代名词，真正的力量是坚忍不拔的钢铁意志产生的。

——侯赛因·伊本·塔拉勒（约旦政治家）

　　正是在意向性和意志中，人才体验到他自己的存在。

——罗洛·梅（美国心理学家）

　　宿命论是那些缺乏意志力的弱者的借口。

——罗曼·罗兰（法国作家）

　　个人意志（欲望）又是永不知足的，满足一个愿望接着又产生更新的愿望，如此衍生不息，永无尽期。

——阿图尔·叔本华（德国哲学家）

我们行动的意志，依我们行动次数的频繁和坚定的程度而增强，而脑力则依意志的使用而增长。这样便真能产生信仰。

——海伦·凯勒（美国作家）

一位仍无社会适应力，仍无成就可言的年轻人，最好尽量发挥他的自我意识，也就是说，以培养自己的意志为主策。

——卡尔·荣格（瑞士心理学家）

没有伟大的意志力，就不可能有雄才大略。

——奥诺雷·德·巴尔扎克（法国作家）

坚强是反映意志对猛烈打击的抵抗力，顽强则是指意志对持续打击的抵抗力。

——卡尔·菲利普·戈特弗里德·冯·克劳塞维茨

（德国军事理论家）

世上最坚强的人就是独自忍受一切的人。

——易卜生（挪威戏剧家）

真正之才智，是刚毅之志向。

——拿破仑·波拿巴（法国政治家）

对于一个意志坚强的人来说，无事不能为。

——海伍德（英国作家）

意志，是一种能力，一种心灵借以肯定或否定什么是真，什么是错误的能力，而不是心灵借以追求一物或避免一物的欲望。

——巴鲁赫·德·斯宾诺莎（荷兰哲学家）

意志愈是激烈，则意志自相矛盾的现象愈是明显触目，而痛苦也愈大。

——阿图尔·叔本华（德国哲学家）

意志力量是细心研究人员所拥有的居首位和最重要的素质。

——罗阿尔德·阿蒙森（挪威探险家）

字典里最重要的三个词，就是意志、工作、等待。我将要在这三块基石上建立我成功的金字塔。

——路易斯·巴斯德（法国微生物学家、化学家）

意志自身在本质上是没有一切目的、一切止境的，它是一个无尽的追求。

——阿图尔·叔本华（德国哲学家）

意志，是唯一不会耗竭的力量，也是人永远具备的力量。

——阿图尔·叔本华（德国哲学家）

一只牛虻有意志力就能征服一头优柔寡断的牛。

——尼科斯·卡赞扎基斯（希腊作家）

伟大人物的最明显的标志，就是他坚强的意志，不管环境变换到何种地步，他的初衷与希望仍不会有丝毫的改变，并能终于克服障碍，达到期望的目的。

——托马斯·阿尔瓦·爱迪生（美国发明家）

一个人只要强烈地、坚持不懈地追求，他就能达到目的。

——司汤达（法国作家）

我们不会消沉或失败，我们要坚持到最后。

——温斯顿·丘吉尔（英国政治家）

要看日出必须守到拂晓。

——沃尔特·司各特（英国作家）

··奋 斗··

我认为胜利是可以得到的，而且勇敢地为它奋斗，我的后代将会说："他不知道死的恐惧，比任何人都刚毅，并认为为真理而斗争是人类最大的乐趣。"

——乔尔丹诺·布鲁诺（意大利天文学家）

想象你自己对困难作出的反应，不是逃避或绕开它们，而是面对它们，同它们打交道，以一种进取和明智的方式同它们奋斗。

——马克斯威尔·马尔兹（美国心理学家）

一个人必须经过一番刻苦奋斗，才会有所成就。

——汉斯·克里斯汀·安徒生（丹麦童话作家）

人在他的历史中表现不出他自己，他在历史中奋斗着露出头角。

——拉宾德拉纳特·泰戈尔（印度诗人）

具有伟大的理想，出以坚定的信心，施以努力的奋斗，才有惊人的成就。

——马尔顿（印度作家）

无论做什么事情，只要肯努力奋斗，是没有不成功的。

——艾萨克·牛顿（英国科学家）

凡事欲其成功，必要付出代价——奋斗。

——拉尔夫·沃尔多·爱默生（美国作家）

下界的苦味，我要一概承担。我要跟暴风雨奋斗，即使在破船中，也不张惶。

——约翰·沃尔夫冈·冯·歌德（德国思想家、作家）

对于每一个人，他所能选择的奋斗方向是宽广的。

——阿尔伯特·爱因斯坦（美国物理学家）

‥希 望‥

希望在任何时候都是一种支撑生命的安全力量。

——威廉·莎士比亚（英国戏剧家、诗人）

希望是为痛苦而吹奏的音乐。

——威廉·莎士比亚（英国戏剧家、诗人）

希望是恋人的手杖，带着它前行，可以对抗自觉绝望的
思想。

——威廉·莎士比亚（英国戏剧家、诗人）

希望是生命的源泉，失去它生命就会枯萎。

——本杰明·富兰克林（美国政治家、科学家）

智者因希望而忍受人生的痛苦。

——欧里庇得斯（古希腊悲剧作家）

希望贯穿一切，临死也不会抛弃我们。

——约翰·波普（英国化学家）

只要我们能把希望的大陆牢牢地装在心中，风浪就一定会被我们战胜。

——克里斯托弗·哥伦布（意大利航海家）

希望如不是置身深渊的大海上，就绝不能展开其翅膀。

——拉尔夫·沃尔多·爱默生（美国作家）

希望会使你年轻的，因为希望和青春乃是同胞兄弟。

——珀西·比希·雪莱（英国诗人）

在人的幻想和成就中间有一段空间，只能靠希望来通过。

——纪伯伦·哈利勒·纪伯伦（黎巴嫩诗人）

希望里蕴藏着极大的力量，使我们的志向和幻想成为事实。

——约翰·弥尔顿（英国诗人）

希望是坚韧的拐杖，忍耐是旅行袋，携带它们，人可以登上永恒之旅。

——伯特兰·阿瑟·威廉·罗素（英国哲学家）

人总得有希望。没有希望的心田，是寸草不生的荒地。

——沃尔特·惠特曼（美国诗人）

希望是栖息于灵魂中的一种会飞翔的东西。

——查尔斯·狄更斯（英国作家）

人类所有的智慧可以归结为两个词——等待和希望。

——大仲马（法国作家）

希望是风雨之夜所现之晓霞。

——约翰·沃尔夫冈·冯·歌德（德国思想家、作家）

希望是穷人的粮食。

——乔治·赫伯特（英国诗人）

很难说什么是办不到的事情，因为昨天的梦想，可以是今天的希望，并且还可以成为明天的现实。

——罗伯特·查尔斯·威尔森（美国作家）

希望是人的阳光。

——塞缪尔·斯迈尔斯（英国作家）

希望是很好的早餐，却是很糟的晚餐。

——弗朗西斯·培根（英国哲学家）

人最宝贵的财富是希望。如果只着眼于当前，我们就不会去播种。

——伏尔泰（法国启蒙思想家）

希望像太阳，当我们向它行进，我们负担的阴影便抛在身后去。

——文森特·阿瑟·史密斯（英国史学家）

一个希望的突然失落会留下一处伤痕，即使那希望最终实现，也决不能使它完全平复。

——托马斯·哈代（英国诗人）

人生包含两部分：一部分是过去，是一场梦；一部分是未来，是一个希望。

——金斯利·艾米斯（英国作家）

人类最可宝贵的财富是希望，希望减轻了我们的苦恼，为我们在享受当前的乐趣中描绘出来乐趣的远景。

——伏尔泰（法国启蒙思想家）

只有能够实现的希望才能产生爱，只有希望才能保持爱。

——奥维德（古罗马诗人）

只要你抱着希望，死去的意志就会在你内心复活。

——罗曼·罗兰（法国作家）

在梦中播下再多种子，也得不到一丝丰收的喜悦；在田野上哪怕只播下一粒种子，也会有收获的希望。

——维克多·雨果（法国作家）

有时候，最荒唐和最轻率的希望会导致非凡的成功。

——沃夫纳格（法国社会学家）

只要太阳照耀，希望也会闪耀。

——约翰·克利斯托夫·弗里德里希·冯·席勒

（德国剧作家、诗人）

我们唯一的悲哀是生活于愿望之中而没有希望。

——但丁·阿利吉耶里（意大利诗人）

希望是永远的喜悦，有如人类拥有的土地，是每年有收获、绝不会耗尽的确定财产。

——罗伯特·路易斯·史蒂文森（英国作家）

充满希望去旅行，要远比到达目的地为优。因此，真正的成功便是工作。

——德尼·狄德罗（法国启蒙思想家）

希望是引导人成功的信仰。如果没了希望，便一事无成。

——海伦·凯勒（美国作家）

希望是唯一所有人都共同享有的好处；一无所有的人，仍拥有希望。

——塞利斯（法国作家）

希望是不幸者的第二灵魂。

——约翰·沃尔夫冈·冯·歌德（德国思想家、作家）

希望是生命的灵魂，心灵的灯塔，成功的向导。

——约翰·沃尔夫冈·冯·歌德（德国思想家、作家）

灾难的忠实姐妹——希望，……她会唤起你们的勇气和欢乐。

——亚历山大·谢尔盖耶维奇·普希金（俄国诗人）

希望是永远达不到的，人才有希望，追求希望。

——本杰明·富兰克林（美国政治家、科学家）

人生活在希望之中。旧的希望实现了，或者泯灭了，新的希望的烈焰随之燃烧起来。

——居伊·德·莫泊桑（法国作家）

希望至少是穷人易得的快乐。

——罗曼·罗兰（法国作家）

对一切人们的疾苦，希望是唯一价廉而普遍的治疗方法；它是俘虏的自由，病人的健康，恋人的胜利，乞丐的财富。

——克鲁利（美国作家）

第十三章
CHAPTER 13
人生最高使命是发挥自己的天赋

· · 天 赋 · ·

只有当人感到自己已接受了赐予时，他才能自由地奉献自己的天赋。

——大卫·维斯各特（美国作家）

善于巧妙地利用自己平庸禀赋的人，常常比真正的卓越者赢得更多的尊敬和名声。

——弗朗索瓦·德·拉罗什富科（法国作家）

做一个杰出的人，光有一个合乎逻辑的头脑是不够的，还要有一种强烈的气质。

——司汤达（法国作家）

一磅铁只值几文钱，可是经过锤炼就可制成几千根钟表发条，价值累万。同样，你也要好好利用天赋给予你的"一磅铁"。

　　　　　　　　　——罗伯特·舒曼（德国作曲家）

人在其智慧的深处具有一种独特的隐秘的感觉，即美的感觉，借助于它，人能领悟艺术。

　　　　　　——夏尔·卡米尔·圣－桑（法国作曲家）

没有人会因学问而成为智者。学问或许能由勤奋得来，而机智与智慧却有赖于天赋。

　　　　　　　　　——约翰·塞尔登（英国作家）

· · 天 才 · ·

　　天才就是无止境刻苦勤奋的能力。划分天才和勤勉之别的界线迄今尚未能确定，以后也没办法确定。

　　　　　　　　——路德维希·凡·贝多芬（德国作曲家）

　　你知道天才是什么意思？那就是勇敢、自由的头脑、广阔的气魄……

　　　　　　　　——安东·巴甫洛维奇·契诃夫（俄国作家）

　　天才就是劳动。

　　　　　　　　——马克西姆·高尔基（苏联作家）

　　天才，就是别人认为毫无价值的不毛之地，你却能挖掘出黄金和甘泉来！

　　　　　　　　——克里斯托弗·哥伦布（意大利航海家）

　　天才就是这样，终生劳动，便成天才。

　　　　　　　　——德米特里·伊万诺维奇·门捷列夫（俄国化学家）

没有受到教育的天才就好比埋在矿石中的银子。

——本杰明·富兰克林（美国政治家、科学家）

没有疯狂性格的人，绝没有庞大的天才。

——亚里士多德（古希腊哲学家）

所谓天才就是极其善于利用各种人才、各种事物的人。

——威廉·曼彻斯特（美国作家）

真正的天才不可能被安置在一条轨道上描摹，那个轨道应在所有批判评价之外。

——海因里希·海涅（德国诗人）

真正的天才为后代所绘画的草案，虽然常常不如他们所应得到的那么快受到尊敬，最终亦一定会加上复利支付。

——约翰·弥尔顿（英国诗人）

真正的天才有两个肩：一个肩膀是道德，另一个是美学。

——列夫·尼古拉耶维奇·托尔斯泰（俄国作家）

天才形成于平静中，性格来自生活的激流。

——约翰·沃尔夫冈·冯·歌德（德国思想家、作家）

苦学而没有丰富的天才，有天才而没有训练，都归无用；两者应该相互为用，相互结合。

———贺拉斯（古罗马诗人）

天才不过是一种高超的观察能力而已。

———约翰·罗斯金（英国政论家）

天才就是强烈的兴趣和全身心的投入。

———木树久一（日本作家）

即使是最伟大的天才，如果朝朝暮暮躺在青草地上让微风吹拂，眼望着天空，温柔的灵感也始终不会光顾他的。

———格奥尔格·威廉·弗里德里希·黑格尔

（德国哲学家）

事业最需要的是创造天才。

———邹韬奋（中国记者、政论家、出版家）

天才所要求的最先和最后的东西都是对真理的热爱。

———约翰·沃尔夫冈·冯·歌德（德国思想家、作家）

才能富于思想，而天才就是思想本身；才能的力量有限，天才的力量无穷。

——弗雷德·惠普尔（美国病理学家）

自然和天才结成永恒的联盟；前者许下的诺言，后者去兑现。

——约翰·克利斯托夫·弗里德里希·冯·席勒

（德国剧作家、诗人）

天才免不了有苦难，因为苦难会创新天才。

——罗曼·罗兰（法国作家）

每个人至少每年有一次是天才；真正的天才只是把他那些有独创性的见解集中在一起。

——利希腾贝格（德国作家）

天才能够洞察眼前的世界，进而发现到另一面世界。

——阿图尔·叔本华（德国哲学家）

天才总是发现自己早生了一个世纪。

——拉尔夫·沃尔多·爱默生（美国作家）

苦难对天才是一块垫脚石，对能干的人是一笔财富，对弱者是一个万丈深渊。

——奥诺雷·德·巴尔扎克（法国作家）

人才进行工作，而天才进行创造。

> ——罗伯特·舒曼（德国作曲家）

天才有的弱点并不少于普通人，也许更多一些。

> ——罗曼·罗兰（法国作家）

天才无不带点疯狂。

> ——吕齐乌斯·安涅·塞涅卡（古罗马哲学家）

有了天才不用，天才一定会衰退的，而且会在慢性的腐朽中归于消灭。

> ——伊凡·安德列耶维奇·克雷洛夫（俄国作家）

有三种品质为天才所不可少：第一是气魄，第二是气魄，第三还是气魄。

> ——史达尔夫人（法国剧作家）

有天才的人，当他无论在哪方面越过自己的时代时总不会被人承认的。

> ——托马斯·阿尔瓦·爱迪生（美国发明家）

困难时，"才能"想到的是如何解开疙瘩；"天才"则考虑怎样快刀斩乱麻。

> ——弗雷德·惠普尔（美国病理学家）

天才，那就是一分灵感加上九十九分汗水。

　　　　　——托马斯·阿尔瓦·爱迪生（美国发明家）

正如会带来最大的好处那样，天才也会带来最大的危害。

　　　　　——拉尔夫·沃尔多·爱默生（美国作家）

对天才的迫害反倒会扩大天才的影响。

　　　　　——普布利乌斯·科尔涅利乌斯·塔西佗

　　　　　　　　　　　　　　（古罗马历史学家）

天才做必须做的事，人才做能够做的事。

　　　　　——乔治·梅瑞狄斯（英国作家）

精神的浩瀚，想象的活跃，心灵的勤奋，就是天才。

　　　　　——德尼·狄德罗（法国启蒙思想家）

耐性是天才必不可少的素质之一。

　　　　　——本杰明·迪斯雷利（英国政治家、小说家）

有些人本身没有天才，可是有着可观的激发天才的力量。

　　　　　——阿瑟·柯南·道尔（英国作家）

天才——是完全按照正常方式发展的智慧。

　　　　　——尼古拉·加夫里诺维奇·车尔尼雪夫斯基

　　　　　　　　　　　　　　（俄国文学评论家）

天才免不了有障碍，因为障碍会创造天才。

——罗曼·罗兰（法国作家）

没有伟大的愿望，就没有伟大的天才。

——奥诺雷·德·巴尔扎克（法国作家）

天才不会毁于他人，只会毁于自己。

——博斯威尔（法国传记作家）

天才不走运会成为庸人，庸人再走运也成不了天才。

——周国平（中国作家）

天才与美女，都注定要放出灿烂的光芒，引人注目，惹人妒羡，招人毁谤。

——奥诺雷·德·巴尔扎克（法国作家）

天才之灯比生命之灯燃得更快。

——约翰·克利斯托夫·弗里德里希·冯·席勒

（德国剧作家、诗人）

天才必定是不平衡的。有高山必有深谷。

——维克多·雨果（法国作家）

天才永远在人民中间，就像火藏在燧石里一样，只要具备了条件，这种死的石头就能够发出火来。

          ——司汤达（法国作家）

天才在逆境中才能显出，富裕的环境反而会埋没它。

          ——贺拉斯（古罗马诗人）

天才如果袖手旁观，即使他优美出众，也仍是畸形的天才。

       ——维克多·雨果（法国作家）

天才有时可能需要鼓励，但他往往更需要约束。

       ——朗吉努斯（古罗马修辞学家）

世界上没有得不到赏识的天才，没有能超越一定期限的功绩。

   ——伊凡·谢尔盖耶维奇·屠格涅夫（俄国作家）

天才，无非是长久的忍耐，努力吧！

     ——居斯塔夫·福楼拜（法国作家）

· · 人　才 · ·

非真无人也，但求之不勤不至耳。

——欧阳修（中国北宋文学家）

多事之秋，得一人则重于山岳，少一人则弱于婴儿。

——曾国藩（中国清代名臣）

试玉要烧三日满，辨材须待七年期。

——白居易（中国唐代诗人）

中才因头衔则出现，大才妨碍头衔，小才则玷污头衔。

——萧伯纳（爱尔兰剧作家）

只有有天才的人才能发现天才的幼芽，发展这些幼芽，并善意地给予他们以必要的援助。

——克劳德·昂利·圣西门（法国空想社会主义者）

平静的湖面，练不出精悍的水手；安逸的环境，选不出时代的伟人。

——德米特里·伊万诺维奇·门捷列夫（俄国化学家）

何世无材，患主人不能识耳，苟能识之，何患无材。

——汉武帝刘彻（中国汉代政治家）

欲讲富强以刷国耻，则莫要于储才。

——谭嗣同（中国近代思想家）

高者未必贤，下者未必愚。

——白居易（中国唐代诗人）

博求人才，广育士类。

——苏轼（中国北宋诗人）

报国之忠，莫如荐士；负国之罪，莫如蔽贤。

——司马光（中国北宋学者）

相马失于瘦，遂遗千里足。

——白居易（中国唐代诗人）

··成 才··

即使一个人天分再高，如果他不艰苦操劳，他不仅不会做出大的事业，就是平凡的成绩也不可能得到。

——彼得·伊里奇·柴可夫斯基（俄国作曲家）

倘若说我能比别人看得略微远些，那是因为我是站在巨人们的肩上的缘故。

——艾萨克·牛顿（英国科学家）

即使是最伟大的天才，如果他把一切都归于他自身，那么他将无法前进一步。

——约翰·沃尔夫冈·冯·歌德（德国思想家、作家）

上帝既造就天才，也造就傻瓜，这不取决于天赋，完全是个人努力程度不同的结果。

——斯蒂芬·威廉·霍金（英国科学家）

无论天资有多么高，他仍需学会了技巧来发挥那些天资。

——查理·卓别林（英国电影艺术家）

只有初恋般的热情和宗教般的意志，人才有可能成就某种事业。

——路遥（中国作家）

假如别人和我一样深刻和持久地思考数学真理，他们会做出同样的发现的。

——约翰·卡尔·弗里德里希·高斯（德国数学家）

如果说我对世界有些微小贡献的话，那不是由于别的，只是由于我的辛勤耐久的思索所致。

——艾萨克·牛顿（英国科学家）

学习这件事不在乎有没有人教你，最重要的是你自己有没有觉悟和恒心。

——让－亨利·卡西米尔·法布尔（法国作家）

其实即使是天才，在生下来的时候的第一声啼哭，也和平常的儿童的一样，决不会就是一首好诗。

——鲁迅（中国作家）

要登上陡峭的山峰，开始时脚步要放得慢。

——威廉·莎士比亚（英国戏剧家、诗人）

谨小慎微的科学家既犯不了错误，也不会有所发现。

——威廉·贝弗里奇（英国经济学家）

独辟蹊径才能创造出伟大的业绩，在街道上挤来挤去不会有所作为。

——威廉·布莱克（英国诗人）

如果你富于天资，勤奋可以发挥它的作用；如果你智力平庸，勤奋可以弥补它的不足。

——乔·雷诺兹（英国画家）

世界上有成就的人都是能放开眼光找他们所需要的境遇的人，要是找不着，就自己去创造。

——萧伯纳（爱尔兰剧作家）

要有所成就，就必须坚持他应该采取的主张，毅然决然地坚持这个主张，并且一贯地实行这个主张。

——让－雅克·卢梭（法国启蒙思想家）

第十四章
CHAPTER 14

利益的权衡

· · 权　益 · ·

有一句著名的格言说：几何公理要是触犯了人们的利益，那也一定会被推翻的。

——弗拉基米尔·伊里奇·列宁（苏联政治家）

必须把国民经济的一切大部门建立在个人利益的关心上面。

——弗拉基米尔·伊里奇·列宁（苏联政治家）

每个人都爱自己，都寻求自己的利益。

——巴鲁赫·德·斯宾诺莎（荷兰哲学家）

满足个人欲望的同时，也为社会带来好处，最终促进了全社会的利益。

——麦克·哈特（美国传记作家）

如果很多人都想生存，而各人都一心一意专顾自己的利益，那么，除非其中有一个人愿意尊重公共幸福，这种社会就非解体不可。

——托马斯·阿奎那（意大利哲学家）

个人利益不应当是原动力，而关心公共利益才应当是每个有教养的人所共同具备的品格。

——列夫·尼古拉耶维奇·托尔斯泰（俄国作家）

每个人都应照顾自己的利益，这是最简单的道理。

——普劳图斯（古罗马喜剧作家）

各尽所能，按劳分配。

——路易·勃朗（法国空想社会主义者）

我们期待着这样的时代的来临：社会不分为游食者与勤劳者两个阶级的时代；不劳动者不得食的原则对任何人一视同仁的时代；劳动生产物得以公平分配的时代；人类不是单为个人利益而是为全社会共同分享的利益而努力的时代。

——约翰·穆勒（英国哲学家）

等量的劳动应该得到相等的报酬。

——约翰·勃雷（英国作家）

"思想"一旦离开"利益"，就一定会使自己出丑。

——卡尔·海因里希·马克思、弗里德里希·恩格斯

（德国思想家）

无论借助怎样科学的力量，并以利息引诱人，人决不可能做到皆大欢喜地分配财力和权力。

——费奥多尔·米哈伊洛维奇·陀思妥耶夫斯基

（俄国作家）

任何活动如果没有个人利益作基础，是不可能持久的……自古以来哲学的主要任务就在于寻求个人利益和共同利益之间的必要联系。

——列夫·尼古拉耶维奇·托尔斯泰（俄国作家）

我们确信这一基本原则：劳动者，即财富的创造者，有权享有他创造的一切。

——温德尔·菲利普斯（美国政治活动家、演说家）

谋求自己的利益是美德或者是正当的处世之道唯一重要的基础。

——巴鲁赫·德·斯宾诺莎（荷兰哲学家）

个人和集体之间、个人利益和集体利益之间没有而且也不应当有不可调和的对立。不应当有这种对立，是因为集体主义、社会主义并不否认个人利益。而是把个人利益和集体利益结合起来。社会主义是不能撇开个人利益的。只有社会主义社会才能给这种个人利益以最充分的满足。此外，社会主义社会是保护个人利益的唯一可靠的保证。

——约瑟夫·维萨里奥诺维奇·斯大林（苏联政治家）

大家知道，共产主义第一阶段的基本原则是"各尽所能，按劳分配"这一公式。

——约瑟夫·维萨里奥诺维奇·斯大林（苏联政治家）

"利益"这个商业的重要向导，不是瞽盲，它很会为自己找路；它的需要就是它最好的法律。

——埃德蒙·伯克（英国作家、政治理论家）

不论哪一类自命独树一帜的人和团体都应以整体的利益为准绳校正自己。

——詹姆士·哈林顿（英国思想家）

"利益"，这颠倒乾坤的势力。

——威廉·莎士比亚（英国戏剧家、诗人）

世界的利益就是由个人利益合成的。

——约翰·穆勒（英国哲学家）

个人利益常常是我们实践的标准和信仰的标准。

——爱德华·吉本（英国历史学家）

不是将财富平均分给每个人就叫公平，还要看各人努力的程度而定。

——松下幸之助（日本实业家）

经济学家是这样来表述这一点的：每个人追求自己的私人利益，而且仅仅是自己的私人利益；这样，也就不知不觉地为一切人的私人利益服务，为普遍利益服务。

——卡尔·海因里希·马克思（德国思想家）

人只有在全体群众的利益中才能找到自己的利益。

——让·巴普蒂斯·约瑟夫·傅立叶

（法国空想社会主义者）

·· 金 钱 ··

金钱不是目的，而只是达到目的的一种手段。

——玛格丽特·希尔达·撒切尔（英国政治家）

金钱可以供应"别人看来很像是幸福"的一切东西。

——海因里希·海涅（德国诗人）

钱太多了，就用不着考虑了；完全没有钱，也用不着考虑了。

——张爱玲（中国作家）

人类百分之七十的烦恼都跟金钱有关，而人们在处理金钱时，都往往意外地盲目。

——戴尔·卡耐基（美国人际关系学大师）

金钱本身就是非常好的，因为它不仅仅能满足一个人的某一方面的具体需要，而且也能满足人们抽象方面的需要。

——阿图尔·叔本华（德国哲学家）

没有钱是悲哀的事，但是金钱过剩则倍加悲哀。

——列夫·尼古拉耶维奇·托尔斯泰（俄国作家）

金钱，这个生活中无聊的东西，这个在公众场合谈起来就脸红的东西，可它的实际作用和规律却像玫瑰花一样美丽。

——乔·吉·霍兰（英国作家）

我们可以为金钱而工作，但不可为金钱而卖尊严。

——松下幸之助（日本实业家）

银行家要出售的不是金钱，而是信用，只要能取得人们的信任，就能当银行家。当然，你首先得有信用的资本才行。

——李文正（印尼金融巨子）

钱并不等于幸福，幸福的宝塔并不是用钱堆起来的。人生的真正的幸福和欢乐浸透在亲密无间的家庭关系中。

——穆尼尔·纳素夫（科威特作家）

钱是一种难以得到的可怕的东西，但也是一种值得欢迎的可爱的东西。

——亨利·詹姆斯（美国作家）

钱是个可恶的东西，用它可以办好事，也可以做坏事。

——伊万·亚历山大罗维奇·冈察洛夫（俄国作家）

大量金钱总是要使权威瘫痪的。

——约翰·沃尔夫冈·冯·歌德（德国思想家、作家）

由于聪明人都鄙视金钱，所以金钱也就小心地避开他们。

——德西德里乌斯·爱拉斯谟（荷兰思想家）

只有金钱才是最大的罪人，一切人类的残酷和肮脏的行为，都是金钱导演出来的。

——爱弥尔·左拉（法国作家）

金钱这种东西，只要能维持个人的生活就行，若是过多了，它就会成为遏制人类才能的祸害。

——阿尔弗雷德·贝恩哈德·诺贝尔（瑞典化学家）

构成罪恶源的东西并非金钱，而是对金钱的爱。

——塞缪尔·斯迈尔斯（英国作家）

黄金的枷锁是最重的。

——奥诺雷·德·巴尔扎克（法国作家）

对于浪费的人，金钱是圆的，可是对于节俭的人，金钱是扁平的，是可以一块块堆积起来的。

——奥诺雷·德·巴尔扎克（法国作家）

有钱人会向邪恶的魔鬼晃动自己的钱袋。

——查尔斯·兰姆（英国作家）

金钱可以是许多东西的外壳，却不是里面的果实。

——易卜生（挪威戏剧家）

我酷爱自由，我憎恶困窘、苦恼和依附。只要我口袋里有钱，我就可以保持独立。

——让－雅克·卢梭（法国启蒙思想家）

金钱并不像平常所说的那样，是一切邪恶的根源，唯有对金钱的贪欲，即对金钱过分的、自私的、贪婪的追求，才是一切邪恶的根源。

——乔治·格蒂（美国律师）

我害怕囊空如洗，所以我吝惜金钱。

——让－雅克·卢梭（法国启蒙思想家）

世上没有一个讽刺作家能写尽金钱底下的罪恶。

——奥诺雷·德·巴尔扎克（法国作家）

我们手里的金钱是保持自由的一种工具。

——让－雅克·卢梭（法国启蒙思想家）

聪明人应该把钱放在心里，而不放在嘴上。

——伯特兰·阿瑟·威廉·罗素（英国哲学家）

把金钱当上帝，金钱就会像魔鬼一样来整治你。

——亨利·菲尔丁（英国小说家、戏剧家）

金钱好比肥料，如不散入田中，本身并无用处。

——弗朗西斯·培根（英国哲学家）

既会花钱又会赚钱的人，是最幸福的人，因为他享受两种
快乐。

——塞缪尔·约翰逊（英国作家）

人不能光靠感情生活，人还靠钱生活。

——罗曼·罗兰（法国作家）

一个人活在世界上，不能只存在赚钱的思想。

——松下幸之助（日本实业家）

金钱就像第六感觉。没有它，其余的五种感觉也不能完全
发生效用。

——威廉·萨默塞特·毛姆（英国作家）

守财奴最不需要钱，但他却偏偏最爱钱，而且拼命设法赚钱；挥霍者最需要钱，但他偏偏对钱满不在乎。

——巴克（英国探险家）

有一句谚语"幸福不在于金钱"。早就应该把这句谚语改成这样："世界的不幸就在于金钱。"

——阿尔伯特·爱因斯坦（美国物理学家）

有时候，一个人为不花钱而得到的东西付出了最高的代价。

——阿尔伯特·爱因斯坦（美国物理学家）

金钱可以疗饥，但不能疗苦恼；食物可以满足食欲，但不能满足心灵的需求。

——萧伯纳（爱尔兰剧作家）

关于金钱的取与舍的适度是乐施，过度与不及是挥霍与吝啬。

——亚里士多德（古希腊哲学家）

如果你想知道金钱的价值，那么且去试试告贷吧！

——本杰明·富兰克林（美国政治家、科学家）

花起钱来最适宜的态度就是中庸之道。

——马尔库斯·图利乌斯·西塞罗（古罗马哲学家）

没有一道篱笆或一座堡垒会把驮着黄金的驴子阻拦。

——J·豪厄尔（英国作家）

如果你懂得使用，金钱是一个好奴仆；如果你不懂得使用，它就变成你的主人。

——马克·吐温（美国作家）

人生中最美好的东西是不要钱的。

——克利福德·奥德茨（美国剧作家）

金钱如同恶人的友谊，又如同没有基础的建筑，是不会长久的。

——伊本·穆格法（阿拉伯作家）

金钱是对社会生活进行分配的计算工具；金钱本身就是生活，就像金镑和银行券是货币一样真实。

——萧伯纳（爱尔兰剧作家）

金钱是被铸造出来的自由。

——费奥多尔·米哈伊洛维奇·陀思妥耶夫斯基

（俄国作家）

金钱和时间是生活中的两个负担。拥有很多钱财，或拥有很多时间，却又不知如何使用的人，是最不幸的。

——塞缪尔·约翰逊（英国作家）

不是自己的钱千万别用。

——托马斯·杰弗逊（美国思想家）

发财的捷径是视金钱如粪土。

——吕齐乌斯·安涅·塞涅卡（古罗马哲学家）

世人出卖自己的灵魂皆因黄金的引诱，几乎所有的罪恶都源自于全能的黄金。

——本·琼森（英国诗人）

钱可以让好人含冤而死，也可以让盗贼逍遥法外。

——威廉·莎士比亚（英国戏剧家、诗人）

对于沙漠中的旅人，金银不如一个萝卜。

——萨迪（波斯诗人）

金钱并不就是幸福，一个人即便贫穷也能幸福。

——安东·巴甫洛维奇·契诃夫（俄国作家）

富足本来并不在数量的本身，而在取和分的比例。

——托马斯·哈代（英国诗人）

对某些人来说，金钱是社交界的入场券，也是教养的象征。

——安布罗斯·比尔斯（美国小说家）

金钱是人类最高贵的力量，也就是人类劳动的储藏室。

——波莱斯拉夫·普鲁斯（波兰作家）

活在这个世界上的人，不管嘴上如何把有钱人说得一塌糊涂，可事实上他们在某些方面也是想有钱的。

——武者小路实笃（日本作家）

金钱和优雅的风度造就了绅士。

——本杰明·富兰克林（美国政治家、科学家）

债权人的记性要比债务人好。

——本杰明·富兰克林（美国政治家、科学家）

借钱给仇人，仇人能成为友人；借钱给友人，友人能成为仇人。

——本杰明·富兰克林（美国政治家、科学家）

钱包轻的人心事重。

——本杰明·富兰克林（美国政治家、科学家）

既有头脑又有钱的人是幸运的，因为他能很好地支配金钱。

——米南德（古希腊诗人）

金钱不是奴仆，便是主人，二者必居其一。

——贺拉斯（古罗马诗人）

金钱，是人类抽象的幸福。所以，一心扑在钱眼里的人，不可能会有具体的幸福。

——阿图尔·叔本华（德国哲学家）

作为人们幸福的根本的源泉，金钱可以与爱情相提并论；作为人们最根本的原因，它又可以与死亡等同。

——约翰·肯尼斯·加尔布雷思（美国经济学家）

··财　富··

财富有如蘑菇，长在阴暗之处。

——英国谚语

希望获得不义之财是遭受祸害的开始。

——德谟克利特（古希腊哲学家）

一个人是否富有不是看他拥有多少财富，而是看他无须显要地位也能做到的事情。

——伊曼努尔·康德（德国哲学家）

财产，如果不好好安排，幸福还是会像一条鳗鱼，从他的手里滑掉的。

——裴斯泰洛齐（瑞士教育家）

财富并不一定能使人快乐，但至少总比贫穷好得多。

——古龙（中国作家）

正直的人从来不会成为暴发户。

——米南德（古希腊诗人）

财富是奢侈懒惰之源，贫穷是无耻与罪恶之母；二者皆不知足。

——柏拉图（古希腊哲学家）

财富中包含着无数辛酸。

——米南德（古希腊诗人）

对希望和欢乐的偏爱是真正的财富，而对恐惧和痛苦的执着则是穷困。

——大卫·休谟（英国哲学家）

阔佬在奔赴地狱时是带不走自己的财产的。

——奥维德（古罗马诗人）

富人只有在病中时，才会充分感觉到钱财的无能。

——贝尔纳多·科尔顿（阿根廷作家）

暴发的、不正当的巨大财富是一个陷阱。

——马克·吐温（美国作家）

财宝是财产，知识是财产，健康是财产，才能是财产，而且意志也是财产，意志胜过其他财产的原因是任何人一旦占有了它以后，就可以随心所欲地使用它。

——内村鉴三（日本宗教思想家）

财富与大胆的人站在一起。

——维吉尔（古罗马诗人）

财富不能带来善，而善能带来财富和其他一切幸福。

——柏拉图（古希腊哲学家）

财富过多是贪婪的根源。

——克里斯托弗·马洛（英国诗人）

财富越增加，人们越渴望更多的财富，因之忧患与日俱增。

——贺拉斯（古罗马诗人）

我们既没有权利享受财富而不创造财富，也没有权利享受幸福而不创造幸福。

——萧伯纳（爱尔兰剧作家）

有的人是生来的富贵，有的人是挣来的富贵，有的人是送上来的富贵。

——威廉·莎士比亚（英国戏剧家、诗人）

收入犹如自己的鞋子，过分小，会折磨、擦伤你的脚；过分大，会使你失足、绊倒。

——贝尔纳多·科尔顿（阿根廷作家）

财产的极端悬殊是许多灾难和犯罪的根源。

——马克西米连·罗伯斯庇尔（法国政治家）

在消除贫困的时候，我们会失去自己的财富。而拥有这笔财富，我们却会失去多少善心、多少美和多少力量啊！

——拉宾德拉纳特·泰戈尔（印度诗人）

贫困固然不方便，但过富也不一定是好事，必须依靠自己的力量，谋求生活。

——居里夫人（法国科学家）

巨大的财富具有充分的诱惑力，足以稳稳当当地起致命的作用，把那些道德基础不牢固的人引入歧途。

——马克·吐温（美国作家）

巨额财富使人养尊处优，无求于人，但也有一种危险的倾向，它能使一个意志坚强、知识渊博的人变得乖僻、自负。

——萧伯纳（爱尔兰剧作家）

一切财富都是权力，因此权力定会用种种手段将财富确定无疑地据为己有。

——埃德蒙·伯克（英国作家、政治理论家）

崇拜财富是最丑陋的行为。

——安德鲁·卡耐基（美国教育家）

纵使富有的人以其财富自傲，但在还不知道如何使用他的财富以前别去夸赞他。

——苏格拉底（古希腊哲学家）

幸运的人既播种也收获，不幸的人死后留下全部财产。

——萨迪（波斯诗人）

金银财宝皆容易丧失，只有手艺才是永恒的财富。

——萨迪（波斯诗人）

谁也不满足于自己的财产，谁都不满足于自己的聪明。

——列夫·尼古拉耶维奇·托尔斯泰（俄国作家）

理想的社会状态不是财富均分，而是每个人按其贡献的大小，从社会的总财富中提取应得的报酬。

——亨利·乔治（美国经济学家）

敛财不会有满足的时候。

——拉尔夫·沃尔多·爱默生（美国作家）

甘于守贫是一个人的巨大财富。

——提图斯·卢克莱修·卡鲁斯（古罗马哲学家）

财产越丰，受其奴役性越大。

——提布卢斯（古罗马哲学家）

人不会同时获得财富和明智。

——李维（古罗马历史学家）

对财产先入为主的观念，比其他事更能阻止人们过自由而高尚的生活。

——伯特兰·阿瑟·威廉·罗素（英国哲学家）

人类的历史表明，人的欲望是随着他的财富和知识的增长而扩大的。

——乔治·卡特利特·马歇尔（英国经济学家）

人类的劳动是唯一真正的财富。

——阿纳托尔·法朗士（法国作家）

凡是守财奴都只知道眼前，不相信来世。

——奥诺雷·德·巴尔扎克（法国作家）

不要相信那些表面上蔑视财富的人，他们蔑视财富是因为他们对财富绝望。

——弗朗西斯·培根（英国哲学家）

为了到死时才变成一个富翁而终生受穷实在是疯狂。

——戈特霍尔德·埃夫莱姆·莱辛（德国文艺理论家）

财富令人起敬，它是社会秩序最坚固的支柱之一。

——罗曼·罗兰（法国作家）

失财势的伟人举目无亲，走时运的穷酸仇敌逢迎。这炎凉的世态古今一辙，富有的门庭挤满了宾客；要是你在穷途向人求助，即使知己也要情同陌路。

——威廉·莎士比亚（英国戏剧家、诗人）

对一个从希望的顶上跌落下来的人来说，财产是不足道的。

——奥诺雷·德·巴尔扎克（法国作家）

最知足的人最能享受到财富带来的乐趣。

——吕齐乌斯·安涅·塞涅卡（古罗马哲学家）

人必须努力生产财富，因为他不能没有财富而生存。

——麦克库洛赫（英国经济学家）

财宝如火，你认为它是有用的仆人，但转瞬之间它就摇身变为可怕的主人。

——托马斯·卡莱尔（英国作家）

生活中最没用的东西是财产，最有用的东西是才智。

——戈特霍尔德·埃夫莱姆·莱辛（德国文艺理论家）

财富是了不起的，因为它意味着力量，意味着闲暇，意味着自由。

——罗威尔（美国作家）

毫无疑问，财产同自由一样，是人类的一项真正权利。

——约翰·亚当斯（美国社会改良主义者）

财产并不能创造人类道德价值和智能价值。对平庸的人只会成为堕落的媒介，但如果掌握在坚定正确人的手中就会成为有力的千斤顶。

——居伊·德·莫泊桑（法国作家）

财富掌握在意志薄弱、缺乏自制、缺乏理性的人手中，就会成为一种诱惑和一个陷阱。

　　　　　　　　——塞缪尔·斯迈尔斯（英国作家）

财富并不是永久的朋友，但朋友却是永久的财富。

　　　　　　——列夫·尼古拉耶维奇·托尔斯泰（俄国作家）

人们所努力追求的庸俗的目标——财产、虚荣、奢侈的生活——我总觉得都是可鄙的。

　　　　　　　——阿尔伯特·爱因斯坦（美国物理学家）

财富必须在快乐中证明自身。

　　　　　　　　——乔治·桑塔亚那（美国哲学家）

适可而止是最大的财富。

　　　　　　　　　　——J·豪厄尔（英国作家）

财富是人创造的，所以人富了以后难以摆脱人世的羁绊。

　　　　　　　　——木村鉴三（日本宗教思想家）

如果财富是属于你的，那为什么不带它们随你去另一个世界呢？

　　　　　——本杰明·富兰克林（美国政治家、科学家）

人们求财富半是为了满足生活所需，半是为了保证恣情享乐。

——马尔库斯·图利乌斯·西塞罗（古罗马哲学家）

道德和才艺是远胜于富贵的资产。

——威廉·莎士比亚（英国戏剧家、诗人）

··竞　合··

竞争可能是建设性的，也可以是破坏性的。

——乔治·卡特利特·马歇尔（英国经济学家）

我看过一些执着于竞争的公司，因为不断盯着后视镜看，结果撞上大树。

——谢尔盖·布林（美国企业家）

"竞争者"原意为"生活在同一个河畔的人"。……水是一种丰富的资源，天下没有比用水权更值得一争的。

——理·特伦奇（英国作家）

不要向井里吐口水，你自己也要喝里面的水。

——英国谚语

爱情、友谊和尊重都不能像共同的仇恨那样把人们联合在一起。

——安东·巴甫洛维奇·契诃夫（俄国作家）

竞争的本能是一种野性的激励，一个人的优点通过它从另一个人的缺点上显示出来。

——乔治·桑塔亚那（美国哲学家）

用自己的价值进行竞争不是坏事。

——武者小路实笃（日本作家）

在人类生活中，竞争心是具有重大意义的东西。

——普列姆昌德（印度作家）

竞争一直是，甚至从人类起源起就是对大部分激烈活动的刺激物。

——伯特兰·阿瑟·威廉·罗素（英国哲学家）

事实上，竞争似乎是不协调的因素，但它实际上是使社会一切组成部分联合起来的可靠纽带。

——杜诺欧（法国思想家）

唯有具备强烈的合作精神的人，才能生存，创造文明。

——拉宾德拉纳特·泰戈尔（印度诗人）

第十五章
CHAPTER 15

追求完美品格

·· 忍 耐 ··

忍耐是苦涩的，但它的果实却是甘甜的。

——让－雅克·卢梭（法国启蒙思想家）

一个人知道自己为什么而活，就可以忍受任何一种生活。

——弗里德里希·威廉·尼采（德国哲学家）

在荆棘道路上，唯有信念和忍耐才能开辟出康庄大道。

——松下幸之助（日本实业家）

忍耐和坚持是痛苦的，但它逐渐给你带来好处。

——奥维德（古罗马诗人）

据阿里·伊本·艾比·塔利卜讲，他有一次问穆罕默德，他的格言是什么？他回答说："知识是我的资本，理智是我的信仰，友爱是我的根本，渴望是我的交通工具，感念阿拉是我的安慰，信心是我的宝藏，忧虑是我的伴侣，学习是我的武器，忍耐是我的衣服，知足是我的战利品，清贫是我的荣誉，修身是我的职守，确信是我的力量，诚实是我的护身之宝。"

——穆罕默德·侯赛因·海卡尔（埃及作家）

真正勇敢的人，应当能够智慧地忍受最难堪的屈辱，不以身外的荣辱介怀，用息事宁人的态度避免无谓的横祸。

——威廉·莎士比亚（英国戏剧家、诗人）

一个传奇是怎么造成的？一个英雄是怎么造成的？多少艰辛，多少血泪，多少忍受，多少自制。

——古龙（中国作家）

天才，无非是长久的忍耐，努力吧！

——居斯塔夫·福楼拜（法国作家）

要完成目的，与其作长久的忍耐，不如下异乎寻常的苦功容易些。如果我们能够为我们所承认的伟大目标去奋斗，而不是一个狂热的、自私的肉体在不断地抱怨为什么这个世界不使自己愉快的话，那么这才是一种真正的乐趣。

——萧伯纳（爱尔兰剧作家）

我忍耐地回想或思考任何悬而不决的问题，甚至连费数年在所不惜。

　　　　　　　　——查尔斯·罗伯特·达尔文（英国生物学家）

　　我们所完成的任何科学工作，都是通过长期考虑、忍耐和勤奋得来的。

　　　　　　　　——查尔斯·罗伯特·达尔文（英国生物学家）

　　受苦并不是恶，因为忍耐可以战胜一切，世界上只有一个善，那就是正义。

　　　　　　　　——伊凡·谢尔盖耶维奇·屠格涅夫（俄国作家）

　　这种磨炼越是痛苦，越应该忍耐，一旦克服、战胜了它，你人生的价值就会比原来提高一大步。

　　　　　　　　——武者小路实笃（日本作家）

　　身体健康的主要标准在能忍耐劳苦，心理健康的标准也是一样。

　　　　　　　　——约翰·洛克（英国哲学家）

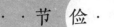

··节　俭··

只花一元的顾客比花一百元的顾客，对生意的兴隆更具有根本的影响力。

——松下幸之助（日本实业家）

简单淳朴的生活，无论在身体上还是在精神上，对每个人都是有益的。

——阿尔伯特·爱因斯坦（美国物理学家）

认为节俭是一种不漂亮的行为的人是最荒唐无稽的。

——萧伯纳（爱尔兰剧作家）

正直的人厉行节约，注意细水长流，不会大手大脚、胡支滥花，他绝不会沦落到打肿脸充胖子或借债度日的地步。

——塞缪尔·斯迈尔斯（英国作家）

·· 痛 苦 ··

只有在痛苦中才能获得觉悟。

——罗曼·罗兰（法国作家）

痛苦这把犁刀，一方面割破了你的心，一方面掘出了生命的新的水源。

——罗曼·罗兰（法国作家）

幻想出来的痛苦一样可以伤人。

——海因里希·海涅（德国诗人）

不管处境如何，女人的痛苦总是比男人多，而且程度也很深。

——奥诺雷·德·巴尔扎克（法国作家）

有了精神上的痛苦，肉体的痛苦变得不足道了；但因为精神的痛苦是肉眼看不见的，反倒不容易得到人家同情。

——奥诺雷·德·巴尔扎克（法国作家）

世界以痛吻我，我要报之以歌。

——拉宾德拉纳特·泰戈尔（印度诗人）

痛苦并非坏事，除非痛苦征服了我们。

——金斯利（英国作家）

忍受痛苦，要比接受死亡需要更大的勇气。

——拿破仑·波拿巴（法国政治家）

一切痛苦毕竟是懦弱的表现，在坚强有力的生活感召下会悄悄退隐。

——斯蒂芬·茨威格（奥地利作家）

人生是由各种不同的变故、循环不已的痛苦和欢乐组成的。

——奥诺雷·德·巴尔扎克（法国作家）

如果说极度的痛苦由于时光的消逝而有所减轻的话，那么，取而代之的则是永久的忧郁了。

——列夫·尼古拉耶维奇·托尔斯泰（俄国作家）

我们这些具有无限精神的有限的人，就是为痛苦和欢乐而生的，几乎可以这样说，最优秀的人物通过痛苦才得到快乐。

——路德维希·凡·贝多芬（德国作曲家）

人类的痛苦达到顶峰之后，必须回降。要么痛苦而死，要么习以为常。

——罗曼·罗兰（法国作家）

痛苦或者欢乐，完全蕴含于眼界的宽窄。

——珀西·比希·雪莱（英国诗人）

人类总爱和自己闹对立，他用自己目前的痛苦哄骗自己的希望，又用并不属于自己的前程，来欺骗目前的痛苦。

——奥诺雷·德·巴尔扎克（法国作家）

如果一个人说，看哪！我痛苦——显然他并不在受痛苦，因为悲伤是暗哑的。

——拉尔夫·沃尔多·爱默生（美国作家）

倘若有了同病相怜的伴侣，天大的痛苦也会减去一半。

——威廉·莎士比亚（英国戏剧家、诗人）

痛苦、失望和悲伤不是为了使我们发怒、自暴自弃和堕落沉沦，而是使我们成熟和清醒。

——赫尔曼·黑塞（德国作家）

强迫自己的内心去回溯痛苦的往事是一种折磨。

——欧文·斯通（美国作家）

在失意中回忆美好的时光是最大的痛苦。

——但丁·阿利吉耶里（意大利诗人）

不要留心于痛苦的外表，要想到它的后果；想到这痛苦再久也不至于超过末日审判。

——但丁·阿利吉耶里（意大利诗人）

痛苦的报酬是经验。

——埃斯库罗斯（古希腊悲剧作家）

绝望是对无法获取任何益处的处境的想法，其作用因人而异，有时会带来不安或痛苦，有时会带来平静和懒散。

——约翰·洛克（英国哲学家）

一个人一旦陷于绝望，他就无所顾虑，甚至准备用自己的手撕碎他受伤的心也在所不惜。

——亨利克·显克微支（波兰作家）

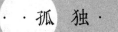

· · 孤　独 · ·

人生的第一件大事是发现自己，因此人们必须不时孤独和沉思。

——弗里德持乔夫·南森（挪威探险家、科学家）

只有孤独已久的人才会有喃喃自语的习惯，只有孤独的人才会欣赏自己的说话。

——古龙（中国作家）

"孤独"，有时本就是种享受，却又偏偏要让人想起些不该想的事。

——古龙（中国作家）

人可以在社会中学习，然而，灵感却只有在孤独的时候才会涌现出来。

——约翰·沃尔夫冈·冯·歌德（德国思想家、作家）

孤独——已经死去的一切仍存在于我们心中的一座活坟墓。

——亨利·德·雷尼埃（法国诗人）

孤独，是忧愁的伴侣，也是精神活动的密友。

——纪伯伦·哈利勒·纪伯伦（黎巴嫩诗人）

越伟大、越有独创精神的人越喜欢孤独。

——托马斯·亨利·赫胥黎（英国博物学家）

有什么样的孤独能比失信于人更加孤独呢？

——乔治·艾略特（英国作家）

忍受孤寂或者比忍受贫困需要更大的毅力，贫困不过是降低人的身价，但是孤寂却会败坏人的性格。

——德尼·狄德罗（法国启蒙思想家）

普通人都难以忍受孤独，处在逆境的人由于不信任任何人，对这种孤独更加敏感。

——奥诺雷·德·巴尔扎克（法国作家）

一个伟大的人往往遭受排挤、压抑，甚至被人斥为哗众取宠而陷于孤独之中。

——弗里德里希·威廉·尼采（德国哲学家）

交谈可以增进互相了解，而独处则是天才的学校。

——爱德华·吉本（英国历史学家）

被迫置身于人群的时候，往往是最应该自守孤独的时候。

——伊壁鸠鲁（古希腊哲学家）

能与自己娓娓而谈的人决不会感到孤独。

——马克斯威尔·马尔兹（美国心理学家）

孤独不是在山上而是在街上，不在一个人里面而在许多人中间。

——三木清（日本哲学家）

第十六章
CHAPTER 16

迟到的青春是持久的青春

· · 青 年 · ·

岁月如流水，不断地逝去却又源源而来，唯有青春一去不复返。

——易卜生（挪威戏剧家）

青春是美妙的，挥霍青春就是犯罪。

——萧伯纳（爱尔兰剧作家）

无所事事——对一个感情热烈的年轻人是很大的危险。

——尼古拉·加夫里诺维奇·车尔尼雪夫斯基

（俄国文学评论家）

真正的青春，贞洁的妙龄的青春，全身充满了新鲜的血液，体态轻盈而不可侵犯的青春，这个时期只有几个月。

——奥古斯特·罗丹（法国雕塑艺术家）

要做一番伟大的事业，总得在青年时代开始。

——约翰·沃尔夫冈·冯·歌德（德国思想家、作家）

创造一切非凡事物的那种神圣的爽朗精神，总是同青年时代和创造力联系在一起。

——约翰·沃尔夫冈·冯·歌德（德国思想家、作家）

标志时代最灵敏的晴雨表是青年人。

——罗曼·罗兰（法国作家）

自信和希望是青年的特权。

——大仲马（法国作家）

有经验的老人行事令人放心，而青年人的干劲则鼓舞人心。如果说，老人的经验是可贵的，那么青年人的纯真则是崇高的。

——弗朗西斯·培根（英国哲学家）

青春是为一生奠定基础的时期。

——池田大作（日本社会活动家）

青春是人生之花，是生命的自然表现。

——池田大作（日本社会活动家）

青春的精神是点铁成金的奇异宝石。

——拉宾德拉纳特·泰戈尔（印度诗人）

即便青春是一种错误，也是一种迅速得到纠正的错误。

——约翰·沃尔夫冈·冯·歌德（德国思想家、作家）

年轻人必须要有本领，头脑清醒，精力饱满，还要意志坚定，秉性善良。

——约翰·沃尔夫冈·冯·歌德（德国思想家、作家）

春天是自然界一年里的新生季节，而人生的新生季节，就是一生只有一度的青春。

——马尔库斯·图利乌斯·西塞罗（古罗马哲学家）

一个正在顺着生活规律挺进的青年，首先应该注意自己的才能和愿望要与事业相衡。

——弗朗西斯·培根（英国哲学家）

一个人年轻的时候年轻，固然有福，可是把自己的青春保持到进入坟墓为止，那就更加百倍地有福。

——安东·巴甫洛维奇·契诃夫（俄国作家）

所谓青春，就是心理的年轻。

——松下幸之助（日本实业家）

青春之所以幸福，就因为它有前途。

——尼古莱·瓦西里耶维奇·果戈里（俄国作家）

青春在人的一生中只有一次，而青春时期比任何时期都更强盛美好。因此千万不要使自己的精神僵化，而要把青春保持永久。

——维萨里昂·格里戈里耶维奇·别林斯基

（俄国文学批评家）

啊，青春，青春！或许你美妙的全部奥秘不在于能够做出一切，而在于希望做出一切。

——伊凡·谢尔盖耶维奇·屠格涅夫（俄国作家）

一个人不论活多大年纪，最初的二十年是他一生中最长的一半。

——萨迪（波斯诗人）

人生的最大悲痛莫过于辜负青春。

——乔万尼·薄伽丘（意大利作家）

谁虚度年华，青春就要褪色，生命就会抛弃他们。

——维克多·雨果（法国作家）

每一种新的认识都可以使年轻人精神振奋，只要一旦受到某种感情的鼓舞，他就可以从中取之不尽，这正是青春的意义。

——斯蒂芬·茨威格（奥地利作家）

　　让青春反抗老朽，长发反抗秃头，热情反抗陈腐，未来反抗往昔，这是多么自然！

——维克多·雨果（法国作家）

　　我们的一切损失均可补救，我们的任何痛苦都可安慰，但当青春作别的时候，它从我们心中把一些东西带走，并且永远也不会回头。

——乔治·桑塔亚那（美国哲学家）

　　人类的历史在显示出事实之前，通常会在生命的最深处发出预告，而测量天候的最敏感指标，便是青春。

——罗曼·罗兰（法国作家）

　　生命的黎明是乐园，青春才是真正的天堂。

——威廉·华兹华斯（英国诗人）

　　一个人只要他有纯洁的心灵，无愁无恨，他的青春时期定可因此而延长。

——司汤达（法国作家）

盛　年

你年轻么？不要紧，过两年就老了。

——张爱玲（中国作家）

五十岁的知识分子大约是八分平和，两分余愤。

——张健（中国作家）

只有极少数的人到五十岁仍是活火山，大部分都成了死火山，少数已升格为货真价实的青山。

——张健（中国作家）

到了中年，到这时候大概有两件事使你不能不注意。讣闻不断地来，有些性急的朋友已经先走一步，很煞风景。同时不断会忽然觉得一大批一大批的青年小伙子在眼前出现，从前也不知是在什么地方藏着的。

——梁实秋（中国散文家）

青春的美是不自觉的，而成熟的美则是经事练达的。

——索菲娅·罗兰（意大利作家）

成年人有一切理由成为怀疑主义者：他完全应当怀疑他所选择的用来达到目的的手段是否正确。他在行动之前和行动当中，有一切理由使他的理智总是不停地活动，免得后来为一项错误的选择而懊丧不已。

——约翰·沃尔夫冈·冯·歌德（德国思想家、作家）

中年是杂念越想越长、文章越写越短的年龄。

——董桥（中国香港散文家）

年长之后理想较少，因为知道办不到的办不到，办得到的办得到。

——蔡志忠（中国台湾漫画家）

中年的妙趣，在于相当地认识人生，认识自己，从而做自己所能做的事，享受自己所能享受的生活。

——梁实秋（中国散文家）

年轻人总是太冒进，老年人总是太落后，真正成熟的人往往被夹在他们中间。

——约翰·沃尔夫冈·冯·歌德（德国思想家、作家）

年过五十的人要适应新思想总会碰到愈来愈大的困难。

——阿尔伯特·爱因斯坦（美国物理学家）

人到中年还试图实现青年时代的希望和心愿，那一定是在欺骗自己。人一生中每一个十年都有它自己的幸运、希望和渴求。

——约翰·沃尔夫冈·冯·歌德（德国思想家、作家）

五十岁的人说话之前必先考虑三秒钟或三分钟。

——张健（中国作家）

就肉体而言，三十到三十五岁是黄金时代；就心灵而言，其鼎盛期则是四十九岁。

——亚里士多德（古希腊哲学家）

··暮　年··

暮年是思想凯旋的岁月。

———史密斯（英国作家）

使老年人充满活力的真正途径是永葆思想上的青春。

———柯林斯（英国作家）

老年人站在远处看得最清楚，因为他们不仅能看见事物的外表，而且能看见事物的本质。

———乔纳森·斯威夫特（英国作家）

从某种意义上讲，老年人对青年人的挑剔就是对青年人的报复。

———哈利法克斯（英国作家）

老年人与青年人的谈话总是以互相轻蔑和怜悯而告结束。

———塞缪尔·约翰逊（英国作家）

每个老人都抱怨世界在堕落，抱怨下一代的无礼和傲慢。

——塞缪尔·约翰逊（英国作家）

暮年——尤其是满载盛誉的暮年，享受着一种权威，这种权威的价值远远超过青年时期一切肉体上的快感。

——马尔库斯·图利乌斯·西塞罗（古罗马哲学家）

如果你们读到或听到外国历史，你们就会发现，最强大的国家都是由年轻人搞乱，而由老年人支撑恢复的。

——马尔库斯·图利乌斯·西塞罗（古罗马哲学家）

诚然，韶华之年的人不免轻狂，而老年则明智慎重。

——马尔库斯·图利乌斯·西塞罗（古罗马哲学家）

老年人的谈吐是庄重的、平和的和温文尔雅的。有口才的老人温和可亲的演说本身，常常可以使人爱听。

——马尔库斯·图利乌斯·西塞罗（古罗马哲学家）

青年人乐于同天才和聪慧的老人相处，被年轻人敬重和爱戴的老人在同青年人在一起时会变得平稳轻松。

——马尔库斯·图利乌斯·西塞罗（古罗马哲学家）

老年人很少害怕死亡，因为他们就生活在它门前的台阶上，但是，他们却常常对最后的疾病担忧。

——杰拉尔德·布瑞南（英国作家）

老了的时候才学会喜欢宁静。宁静中颤动的声音有时竟比音乐更使我激动。

——雅罗斯拉夫·赛弗尔特（捷克诗人）

老学者看看自己身旁那些吵吵嚷嚷的年轻人，突然想到自己是所有人中唯一享有自由的人，因为他老了。一个人只有到了老年才可能不必介意他同事的意见、公众的意见、有关未来的意见。

——米兰·昆德拉（捷克诗人）

在人生的道路上每跌一跤，就会增加一道皱纹。平静的心境，只有在渐入老境中才能产生。

——石川达三（日本作家）

老年人失去人类最大的特权之一，是他不再受到他的同辈的评断。

——约翰·沃尔夫冈·冯·歌德（德国思想家、作家）

一般地说，老年人较为宽容，少年人总是处处不满足。老年人的宽容，并不是完全漠不关心，而是由于判断事理已经到了炉火纯青，就是对于次等的事物也能知足，因为老年人阅世既深，才能觉察事物的实在价值。

——格奥尔格·威廉·弗里德里希·黑格尔
（德国哲学家）

年轻人相信许多假的东西，老年人怀疑许多真的东西。

——德国谚语

老头子总爱翻开他脑子里的记忆的本子，嗬嗬地向人们叙说一些早已被人遗忘了的他自己的"功绩"。但青年人听不懂他讲的是什么，只好耸耸肩膀走开了。于是他眼睛里蒙着一重烟雾而茫然自失起来。

老年人，你不也可以谈谈未来么？

——黄药眠（中国文艺理论家）

我们一般很爱祖父，因为在他身上对我们的权威已有某种程度的减弱，老年的虚弱已将父性的权威转化成了女性的偏爱。

——埃德蒙·伯克（英国作家、政治理论家）

能够返老还童的人，其年轻时期必然是个老成的少年。

——英国谚语

青年人以希望为生，老年人靠回忆度日。

——法国谚语

活得有趣，年老的会变得年轻；活得无趣，年轻的会变得年老。

——隐地（中国作家）

赶时髦——无论是在思想上还是在服饰上——对于一个老年人来说是不适宜的。他应该明白自己所处的地位，知道别人的目标。

——约翰·沃尔夫冈·冯·歌德（德国思想家、作家）

衰老最大的悲哀不是身体的衰弱，而是心灵的冷漠。

——安德烈·莫洛亚（法国作家）

我想，老人只要不对人事纠缠不清而能参加合适的活动，就最易过个愉愉快快逍遥自得的晚年。

——伯特兰·阿瑟·威廉·罗素（英国哲学家）

晚年在心头犁下的沟痕比留在脸上的皱纹更多。

——米歇尔·德·蒙田（法国思想家、作家）

第十七章

CHAPTER 17

智慧的真谛

· · 偏 见 · ·

偏见是愚民的君主。

——伏尔泰（法国启蒙思想家）

社会偏见屡见不鲜，它长得如此硕壮，即使它的受害者也很快就把它看作理所当然的事情。

——马塞尔·埃梅（法国作家）

倘使活着不是为了纠正我们的错误，克服我们的偏见，扩大我们的思想与心胸，那么活着又有什么用？

——罗曼·罗兰（法国作家）

一千个偏见和不正确的思想等于没有任何思想。

　　　　　　——费奥多尔·米哈伊洛维奇·陀思妥耶夫斯基

　　　　　　　　　　　　　　　　　　　　　（俄国作家）

我们也许有偏见，但命运并没有偏见。

　　　　　　——拉尔夫·沃尔多·爱默生（美国作家）

最危险的偏见在我们内心反对我们自己，驱散这些偏见是一种创造性行为。

　　　　　　——霍夫曼斯塔尔（奥地利作家、诗人）

人总是假借欲求之名，将偏见或谬误合法化。

　　　　　　——马丁·杜·加尔（法国作家）

除非心灵从偏见的奴役下解脱出来，心灵就不能从正确的观点来看生活，或真正了解人性。

　　　　　　——拉宾德拉纳特·泰戈尔（印度诗人）

· · 思　辩 · ·

在人类的历史的长河中，真理因为像黄金一样重，总是沉于河底而很难被人发现；相反地，那些牛粪一样轻的谬误倒漂浮在上面而到处泛滥。

——弗朗西斯·培根（英国哲学家）

谬误之事酷似真理，以致聪慧之士竟也在关键点上信不过自己。

——马尔库斯·图利乌斯·西塞罗（古罗马哲学家）

看出谬误比发现真理要容易得多，因为谬误是在明处，也是可以克服的；而真理则藏在深处，并且不是任何人都能发现它。

——约翰·沃尔夫冈·冯·歌德（德国思想家、作家）

真理与谬误是同一个来源。

——约翰·沃尔夫冈·冯·歌德（德国思想家、作家）

真理永远飘溢着芳香，而谬误无论多么无辜都如同尺蠖一样祸害无穷。

——詹·弗劳德（英国史学家）

真理，即使被践踏在地，也会站起来，上帝永恒的岁月属于它；但谬误一旦受伤，便会就地打滚，然后在其崇拜者中间咽气。

——布赖恩特（法国诗人）

谬误不断地在行动中重复，而我们在口头上不倦地重复的却是真理。

——约翰·沃尔夫冈·冯·歌德（德国思想家、作家）

谬误的好处是一时的，真理的好处是永久的；真理有弊病时，这些弊病是很快就会消灭的，而谬误的弊病则与谬误始终相随。

——德尼·狄德罗（法国启蒙思想家）

同谬误作斗争就是在与一切相信真理的人联合。

——托马斯·卡莱尔（英国作家）

哲学上和逻辑上的大多数错误是由于人类理智倾向于把符号当作某种实在的东西而发生的。

——阿尔伯特·爱因斯坦（美国物理学家）

谎言越是过头，就越是有人信。

——福伊希特万格（德国作家）

错误同真理的关系，就像睡梦同清醒的关系一样。一个人从错误中醒来，就会以新的力量走向真理。

——约翰·沃尔夫冈·冯·歌德（德国思想家、作家）

时代是在进步，但人人却都是在重新开始。

——约翰·沃尔夫冈·冯·歌德（德国思想家、作家）

人们还往往把真理和错误混在一起去教人，而坚持的却是错误。

——约翰·沃尔夫冈·冯·歌德（德国思想家、作家）

生活是统一的，每一个活动都从另一个活动中得到力量。

——安东尼奥·葛兰西（意大利哲学家）

静止不动的事物比运动中的事物更容易损坏。

——巴尔塔沙·葛拉西安（西班牙思想家）

无知和恐惧是人类各种迷误的两个滔滔不绝的来源。

——保尔·昂利·霍尔巴赫（法国启蒙思想家）

任何一个虚妄的判断，其原因若不是我们的感情，就一定是我们的无知。

——克洛德·阿德里安·爱尔维修（法国诗人）

权威，人类没有它就无法生存，可是它带来的错误竟跟它带来的真理一样多。

——约翰·沃尔夫冈·冯·歌德（德国思想家、作家）

谬误之中有真理，真理之中有谬误。

——罗伯特·勃朗宁（英国诗人）

每个人都不同于他人，每一天他也不同于自身。

——亚历山大·蒲柏（英国诗人）

没有一种利剑是单刃的，每把剑都有双刃，一边伤了人，另一边便伤了自己。

——维克多·雨果（法国作家）

如果生命不会完结，生命也就不会有价值；正是因为随时都可能失去生命，我们才认识到生命的价值。

——卡尔·波普尔（英国哲学家）

最美的猴子同人类比也是丑的。一样的东西从来不会完美无缺，也不会一无是处，即使在一粒最好看的葡萄上，你也会发现几个斑点。

——普拉托里尼（意大利作家）

看得见的事物是短暂的，看不见的事物才是永恒的。

——海伦·凯勒（美国作家）

海水是最纯洁的，又是最不纯洁的：对于鱼，它是能喝的和有益的；对于人，它是不能喝的和有害的。

——德谟克利特（古希腊哲学家）

疾病使健康舒服，坏使好舒服，饿使饱舒服，疲劳使休息舒服。

——德谟克利特（古希腊哲学家）

在纯粹光明中就像在纯粹黑暗中一样，看不清什么东西。

——格奥尔格·威廉·弗里德里希·黑格尔

（德国哲学家）

我们绝大多数的知识不是来自与我们观点相同的人，而是来自与我们观点不同的人。

——贝尔纳多·科尔顿（阿根廷作家）

错误同真理的关系，就像睡梦同清醒的关系一样。一个人从错误中醒来，就会以新的力量走向真理。

——约翰·沃尔夫冈·冯·歌德（德国思想家、作家）

真正思考的人，从自己的错误中吸取的知识要比从自己的成就中吸取的知识更多。

——约翰·杜威（美国哲学家）

富人觉得世上最好的东西是爱，穷人觉得世上最好的东西
是钱。

——布雷南（英国作家）

最伟大的人物总是通过某种弱点同他们的时代联系在一起。
——约翰·沃尔夫冈·冯·歌德（德国思想家、作家）

对人的最大考验，是在他最幸运的时刻。
——阿尔弗雷德·拉塞尔·华莱士（英国博物学家）

我经常注意的是敌人的优点，并且发现这样做大有用处。
——约翰·沃尔夫冈·冯·歌德（德国思想家、作家）

爱你的敌人吧，因为他们把你的不足告诉了你。
——本杰明·富兰克林（美国政治家、科学家）

朋友是宝贵的，但敌人也可能是有用的。朋友会告诉我，
我可以做什么；敌人将教育我，我应当怎样做。
——约翰·克利斯托夫·弗里德里希·冯·席勒
（德国剧作家、诗人）

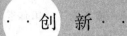

··创　新··

独辟蹊径才能创造出伟大的业绩，在街道上挤来挤去不会有所作为。

——威廉·布莱克（英国诗人）

我们必须随时与众不同，才能让自己无可替代。

——加布丽埃勒·博纳尔·香奈儿（法国设计大师）

在你创新时，有时你会犯一些错。最好的做法是很快承认错误，然后继续着手把其他创新改善得更好。

——史蒂夫·乔布斯（美国苹果公司联合创始人）

别跟着道路走到它带你去的地方，要挑没路的地方走，走出一道小径来。

——萧伯纳（爱尔兰剧作家）

仅学了人家的好处，总也要自己会变化才好，要是宗定哪派不变化，那只好永做人家的奴隶了。

——周信芳（中国戏曲家）

千万不要想象我们能像喷泉一样创新。"新"必须长期酝酿才能成熟，才能在约束中锤打出自己的道路。

——克洛德·列维－斯特劳斯（法国哲学家）

一个人的研究工作一定要走自己的路，不必用太多的时间和精力去研究别人已做过的工作，只要了解他在干什么、他的弱点就够了。

——李政道（美籍华人、物理学家）

距离已经消失，要么创新，要么死亡。

——托马斯·彼得斯（美国管理学家）

重复是衰落的标志！

——吴冠中（中国画家）

人类的创新之举是极其困难的，因此便把已有的形式视为神圣的遗产。

——特奥多尔·蒙森（德国历史学家）

想出新办法的人，在他的办法没有想出以前，人家总说他是异想天开。

——马克·吐温（美国作家）

对于一个艺术家来说，如果能够打破常规，完全自由地进行创作，其成绩往往会是惊人的。

——查理·卓别林（英国电影艺术家）

非经自己努力所得的创新，就不是真正的创新。

——松下幸之助（日本实业家）

如果你要成功，你应该朝新的道路前进，不要跟随被踩烂了的成功之路。

——约翰·洛克菲勒（美国石油企业家）

创新是科学永恒的生命力。

——艾萨克·阿西莫夫（美国科幻作家）

做出重大发明创造的年轻人，大多是敢于向千年不变的成规、定律挑战的人，他们做出了大师们认为不可能的事情来，让世人大吃一惊！

——皮耶·德·费马（法国数学家）

独创常常在于发现两个或两个以上研究对象或设想之间的联系或相似之点。

——威廉·贝弗里奇（英国经济学家）

在科学上，每一条道路都应该走一走。发现一条走不通的道路，就是对于科学的一大贡献。

——阿尔伯特·爱因斯坦（美国物理学家）

我们的科学史，只写某人某人取得成功，在成功者之前探索道路的，发现"此路不通"的失败者统统不写，这是很不公平的。

——阿尔伯特·爱因斯坦（美国物理学家）

科学研究基于同一法则，即一切事物的产生取决于自然规律，这也适用于人们的行动。

——阿尔伯特·爱因斯坦（美国物理学家）

若无某种大胆放肆的猜想，一般是不可能有知识的进展的。

——阿尔伯特·爱因斯坦（美国物理学家）

敢于走前人没有走过的路的拓荒者，永远是不朽的。

——武者小路实笃（日本作家）

一个人想做点事业，非得走自己的路。要开创新路子，最关键的是你会不会自己提出问题，能正确地提出问题就是迈开了创新的第一步。

——李政道（美籍华人、物理学家）

发表自己的不正确的意见，要比叙述别人的一个真理更有意义。在第一种情况下，你才是一个人，而在第二种情况下，你不过是只鹦鹉。

——费奥多尔·米哈伊洛维奇·陀思妥耶夫斯基

（俄国作家）

现在一切美好的事物，无一不是创新的结果。

——约翰·穆勒（英国哲学家）

想象是真实的皇后。

　　　　　——夏尔·皮埃尔·波德莱尔（法国诗人）

想象是灵魂的眼睛。

　　　　　——卡特琳娜·茹贝尔（法国作家）

人类所有的才能之中与神最相近的就是想象力。

　　　　　——布莱士·帕斯卡（法国数学家、物理学家）

我不只是晚上做梦，我整天都在做梦；做梦，就是我的工作。

　　　　　——史蒂文·斯皮尔伯格（美国导演）

释放你的想象力。从被拒的打击中重新振作起来，努力前进。不要妥协。

　　　　　——黛比·米尔曼（美国设计师）

真正的科学和真正的音乐要求同样的想象过程。

　　　　　——阿尔伯特·爱因斯坦（美国物理学家）

想象是创造的。轻浮的想象决不能产生有价值的作品。

——格奥尔格·威廉·弗里德里希·黑格尔

（德国哲学家）

如果能在脑海中勾勒出成功的景象，成功的概率就会大为提高。当你闭上眼睛想象成功的景象时，只要能清楚勾勒出那个景象，就一定能心想事成，达成愿望！

——稻盛和夫（日本企业家）

想象是在过去知觉的基础上对于新的形象的创造，想象永远是艺术家的手段……

——伊万·亚历山德罗维奇·冈察洛夫（俄国作家）

想象力是结合艺术品里一切因素的能力，它把各个不同的因素塑造成一个整体。

——约翰·杜威（美国哲学家）

想象是创造力，也是一种综合的原理。它的对象是宇宙万物和存在本身所共有的形象。

——珀西·比希·雪莱（英国诗人）

科学到了最后阶段，就遇上了想象。

——维克多·雨果（法国作家）

诗人的两只眼睛，其一注视人类，其一注视大自然。他的前一只眼叫作观察，后一只眼称为想象。

——维克多·雨果（法国作家）

想象有两种：一种简单地保存对事物的印象；另一种将这些印象千变万化地排列组合。前者称为消极想象，后者称为积极想象。

——伏尔泰（法国启蒙思想家）

如果说到本领，最杰出的艺术本领就是想象。

——格奥尔格·威廉·弗里德里希·黑格尔
（德国哲学家）

科学的每一项巨大成就，都是以大胆的幻想为出发点的。

——约翰·杜威（美国哲学家）

想象是一种极为出色的、真正具有魔力的品质，是真正的艺术的基础。

——康斯坦丁·格奥尔吉耶维奇·帕乌斯托夫斯基
（苏联作家）

好奇心和活跃的想象能力是科学家的宝贵财富。

——莱纳斯·卡尔·鲍林（美国化学家）

想象就是深度。没有一种精神机能比想象更能自我深化、更能深入对象，这是伟大的潜水者。

——维克多·雨果（法国作家）

缺乏幻想的学者只能是一个好的流动图书馆和活的参考书，他只掌握知识，但不会创造。

——戈特霍尔德·埃夫莱姆·莱辛（德国文艺理论家）

对我来说，幻想的天赋比我的吸收积极知识的能力更有意义。

——阿尔伯特·爱因斯坦（美国物理学家）

异想天开给生活增加了一分不平凡的色彩，这是每一个青年和善感的人所必需的。

——康斯坦丁·格奥尔吉耶维奇·帕乌斯托夫斯基

（苏联作家）

许多科学家往往是靠极其丰富的想象力（卓越的新思想）来发现新的规律。

——莱纳斯·卡尔·鲍林（美国化学家）

想象应服从现实，而且，它必须承认，它的最虚幻的创造也只有从现实所表现的东西上去抄袭。

——尼古拉·加夫里诺维奇·车尔尼雪夫斯基

（俄国文学评论家）

想象是每个有感觉的人都能切身体会的一种能力，是在脑子里拟想出可以感觉到的事物的能力。

——伏尔泰（法国启蒙思想家）

想象力比知识来得重要。知识仅限于我们知道与理解的事物，但想象力囊括了整个世界，以及世上等着我们去知道与理解的所有事物。

——阿尔伯特·爱因斯坦（美国物理学家）